金丝燕（Jin Siyan）

北京大学学士、硕士，法国巴黎索尔邦大学博士。法国阿尔多瓦大学 (Université d’Artois) 特级教授、阿尔多瓦大学东方学系主任、阿尔多瓦大学孔子学院法方院长。北京师范大学客座教授，兼任北京师范大学跨文化研究院副院长。主持并完成教育部人文社会科学重大项目“跨文化研究的理论与方法”。出版中法文著作多种，主要中文学术著作有：《文学接受与文化过滤——中国对法国象征主义诗歌的接受》《中国二十世纪文学的主体性》《中国二十世纪女性文学》《中国早期的期待视野：汉译〈大本经〉研究》《文化转场：中国与他者》《文化转场：法国早期汉学视野研究》《佛经汉译之路》等。出版译著《中国思想的两种理性》和《中国教给我们什么》（汪德迈著）等多种。任中法合作“远近丛书”法方主编，学术期刊《跨文化对话》法方副主编（乐黛云主编）。

| 远 近 丛 书 |

主编：乐黛云 ［法］金丝燕　　执行主编：董晓萍

读

［法］金丝燕（Jin Siyan）著

中国大百科全书出版社

图字：01-2019-4486

图书在版编目（CIP）数据

读/（法）弗朗索瓦·塞纳，（法）金丝燕著；赵宗红译．—北京：中国大百科全书出版社，2019.8

［远近丛书/主编：乐黛云，（法）金丝燕；执行主编：董晓萍］

ISBN 978-7-5202-0533-7

Ⅰ．①读… Ⅱ．①弗… ②金… ③赵… Ⅲ．①读书方法 Ⅳ．①G792

中国版本图书馆CIP数据核字（2019）第159856号

策划人 郭银星
责任编辑 郭银星
封面设计 程 然
版式设计 博越创想
责任印制 邹景峰
出版发行 中国大百科全书出版社
地　　址 北京市阜成门北大街17号　　邮政编码 100037
电　　话 010-88390093
网　　址 http://www.ecph.com.cn
印　　刷 北京九天鸿程印刷有限责任公司
开　　本 710毫米×1000毫米　1/32
印　　张 7.625
字　　数 85千字
印　　次 2019年8月第1版　2019年8月第1次印刷
书　　号 ISBN 978-7-5202-0533-7
定　　价 58.00元

| 第一章 |

哈姆雷特

我的童年是在中国和中国的天地之间度过的，一直到九岁。

六六年夏天的一个晚上。

天黑了，是上床睡觉的时间。

今天，他没有催我们。

——来，阿爸讲故事给你们听。

他遇到开心的事儿了，每次在这种时候，他就会自称“阿爸”，而不是“爸爸”，并且在“阿”上拖长音。

——把窗户关上。

天这么热关窗？我糊涂了。

我家住医院宿舍三楼，原来分的是东向那套。我们搬进了西向那一套两间的房子。我家也有老外婆，而且也和我们住。爸爸是不是已经预知外婆的地主身份不能呆在城里？那时离六月风暴大约还有半年的时间。

预知不是难事儿。那个老农不就是三年早知道。这个“三年早知道”是我从小人书上看来的，很让我崇拜，尤其他食指往上指，身上斜挂着老棉袄的神气。二十年后到了巴黎，才知道三年真是小菜了，还有能预知千年的呢，比如法国十六世纪预言家诺斯特拉达姆士（Nostradamus）。不同的是，中国的老农没有上过学，更没有学过孔子礼、乐、射、御、书、数之六艺。而法国的预言家十五岁时在南方的阿维侬七艺学院念过三年，那时的学问称作七艺，即文法、修辞学、逻辑学、音乐、算术、几何和天文学。

——去，把窗户关上。爸爸又说。

我从来都听话，所谓听话，就是从来不反驳。而且极少问问题。听妈妈说，小时候我极爱吃肥肉。三年自然灾害时，我三岁。有一天，妈妈搞到一块肥肉，做了一小碗。上桌了，见我有把它全吞了的架式，便把它收到碗柜里，保证下一顿饭还吃。我哭了。爸爸说，哭就哭，孩子不能宠。我被关在里屋任哭。几个小时过去了，哭声还是那样，没有减弱的意思。妈妈进来做了检讨，哭声才立时停住。

“怎么办呢？你不停地哭，只好我们做检讨吧。”很多年后，妈妈还是那么无奈。

“怎么会这么犟？”当时爸爸问妈妈。

从此，父母不惹我，免得惹出犟来。我呢，再没有闹过事，听话，在医院是有名的。相安无事。这当然是后来听妈妈说的，我一点没印象了。

西晒了一下午的房间，有三十六七度。我还是关上了窗户。

爸爸坐在长方形的饭桌左边。那饭桌和家里的其他家具一样，都是从医院借来的，除了外婆家那个小柜。爸爸说，不知什么时候就会接到通知下乡了，不用置办家具。走时一还，很轻松。他和妈妈就这样，从结婚那一天开始，无论在北京医学院还是在杭州的浙江医科大学，都这样时刻准备着。我已经有两个弟弟了，医院又出借两张床。桌子还是一个。

要说饭桌，也不全是。学校停课闹革命，我和邻居小孩的闲散时间就在桌上度的。中间放一根木尺，打乒乓球。球盘太局促，我们打和平球，不拉不抽，做蜻蜓点水，这边一点，那边一点。或下跳棋、军棋。扑克，爸爸是不准的。晚上爸爸在医院政治学习，或值班。回来，把桌子搬离墙，放上床单，用大板刷刷洗，床单是姑姑自己织好从乡下寄来的，白色土布。冬天钻进土布被窝，先是冰凉，它受热慢，国家规定，长江以南，冬天没有暖气。等到受热了，你就不愿出来了，实在太温暖，虽然布厚得不温柔。唯一的问题是洗时费劲。饭桌便派上用场了。搓衣板哪有这样的方便。把床单铺上桌，抹上肥皂，用棕毛板刷。这是父亲的家务。晚上从医院回来，等我们都上床睡了，空出了房间和桌子，他才能刷。

那大板刷的唰唰声一直是我睡梦里的记忆。

因为用途太多，桌子上总是收拾得光光的，不留一物。

我听父亲的吩咐，关上了窗户。爸爸坐在饭桌左边。手里捧着一本书：紫红色，硬皮，不厚。我和小瓯各抢了自己的位置，我在爸爸的左腿边的地上坐。小瓯选在爸爸的右腿边地上。

——这是我读高中时的英文课本。父亲摸着封面说。

——英文是什么文？小瓯问。

——就是English。比如Long live Chairman Mao. 父亲回答。

——这我会。浪来夫前门毛。浪来夫前门毛，隔壁人民中学的人天天念。

爸爸开始念。声音很沉。他不会念轻声，平时的大嗓门。念轻了，就沉。他叽里咕噜念了好一段。翻来覆去，我只听到“哈姆雷特”，“好一来一修”。因为每念到此处，爸爸就拖长音。造成很特殊的效果。我和小瓯都不会英文，那是美国佬的话，中学时学的是苏联老大哥的语言，后来和老大哥崩了，学什么外语也成了问题。

念到他觉得可以换口气了，爸爸便打住，开始翻译。

——生还是翘辨子，这是一个问题。

To be or not to be，这是一个 question。

翘辨子，是杭州话，意思是死。爸爸好像喜欢“问题”这个词。可能受他的影响，如果说英语中有什么词我喜欢的话，我会说是“question”，音上很好听。后来自己读英文原文的《哈姆雷特》，我才知道其实应该翻成“存在还是不存在”，也有译成“生还是死”的。1985 年来巴黎，在地铁里的火车上见到一个广告“托彼或不托彼”。“托彼”是法国修鞋业的名牌。广告把鞋与“生还是死”的疑问连上音，很让我感受到法国人的俏皮。

哈姆雷特这句问话表现出“自我”的忧虑：自我是否会被逐出自我？这个问题其实已经超出生存范畴。在生存圆体内是无法找到答案的。怎么能够想象人扯着自己的头发离开地面呢？中文把“to be”和“not to be”译成“生还是死”，译文本身已经是一个问题。生和死在中文里都表示一个生命的形式，或开始，或结束。而英文中的“to be”是一个系动词，其含义很宽，可以表示存在、时间、状态，也可以具体到某一个动作。译成中文，常常用“是、成为、存在”来表示。三个词都与存在有关。从词源上看，动词“是”由日与正在行走的人组成，指“此”“正”“正确”。延伸义与“非”相对。“是”是一个判断词，对存在、当下的判断。“国是”由此而来，指国家大事，国家政治方向。这个“是”字尤其得到最早佛经译者的重视，如，“如是我闻”。“如是”一词被慧思（515 ～ 573）用来确定“法”的十种范畴：如是相、如是性等。

英语的“to be”还可以翻译成“在”。《说文解字》中的定义是“在，存也”。由“才”字和“土”字构成。“才”是一个象形字，最初的意思是植物芽苞：“才，草木之初也。从丨上贯一，将生枝叶也。一，地也。”清段玉裁注道：“才有茎出地而枝叶未出，故曰将。草木之出而枝叶毕寓焉。生人之出而万善毕具焉，故人之能曰才，言人之所蕴也。凡草木之字才者，初生而枝叶未见也。”古人称德智兼具之人为才子、才俊、才人，能力禀赋为才能、才性、才气、才情、才华、才数。一个“才”蕴含万善具备的可能，天地人都有这样的可能，是谓三才。而“土”字，《说文解字》这么定义：“土，地之吐生万物也。二，象地之上，地之中。丨，物出形也。”因此，从词源上看，“在”的意义在于时间（现在）和地点（这儿，此处），也暗示非现在非此地的存在。古时帝王以国家为家，住宫殿却不言住，说“行在”，佛家也从不言住，三千大千世界之中，无固定住所，只说“在”。不“住”，才能有“在”。在东西南北中和上下这七个数之中，《金刚经》“应无所住而生其心”一句，是对智慧与“在”及“住”的关系的深刻解释。

无论是白居易的“自出家来长自在，缘身一纳一绳床”（《赠自远禅师》），还是道家的逍遥，这个“在”与“是”，都没有被《哈姆雷特》的中文译者采用，是不是它们的存在意识无以表达哈姆雷特的“to be or not to be”的问题所带有的哲学性呢？那么，生与死，是否就少一点存在的味道了呢？

无论怎样，我始终喜欢“生还是翘辫子”的这个译本。

我们安静地听着，看着父亲眼镜后面的眼睛，很深，像外婆家山溪的水，看不到源头和尽头。

最让我和小瓯打冷战的，是爸爸充满感情的那一声“好—来—修—”。不知是这个字的发音本身恐怖，还是爸爸故意加上的戏剧色彩，我们两个小的一听到爸爸读这个字，心就发紧。他在爸爸手里的书中是哈姆雷特的朋友，很忠实。可在我和小瓯这里引起的恐惧，只有听鬼魂故事时才有。

我和小瓯一人抱爸爸一只腿，眼睛盯着身后的窗户。它关得紧紧的。我略放心了些。没有窗帘的玻璃很安静地呆着。我们有三个窗户，朝西、朝南、朝北。都不用窗帘，这样对外很光明磊落，人不起疑心。窗帘在当时有是特务的嫌疑，好人家不用的。

爸爸继续他的朗读与翻译。不管我们的头转到哪个方向。一段英文，一段中文。

怕归怕，我们很期待晚上的这个时候。爸爸能和我们多呆一会儿，或者说这是我们可以亲近爸爸的时候。平时他太忙，而且很孔夫子，不轻易和我们亲热。很多天过去了。

等到哈姆雷特的叔叔在花园里放进毒蛇，我们才把头从窗户那边转回来了一会儿：窗外黑夜比起毒蛇来已经算不了什么。毒蛇使我和小瓯暂时把对“好来修”的恐惧放在一边。

最让我俩挠头的是：哈姆雷特疯了，晚上说了那么多话。是夜色激发了他，抑或是他随风潜入长夜而不能自拔？他的那些话，我们听不明白。不过，听着也不烦，看爸爸读，很过瘾。他摇头晃脑，沉着声地念。这些英语字母，当它们单个存在时，恐怕任何一只蚂蚁都不会把它们当回事。然而，当它们在爸爸的嘴里连结，就变成一颗一颗的滚珠，从嗓子眼里弹出来，落在夜间的空气里。它们一会儿轻盈，如山洞里水滴落在深潭中，余音随着波纹散去；一会儿脆亮，像干柴在炉火里跳跃，偶尔发出欢乐的爆裂声，戛然而止。它们一颗一颗地填着我们心里的空间，一直落到心底里。我们的生命被唤醒了。这些滚珠，哈姆雷特是不是用它们去填那无尽的夜呢？

> “To be or not to be”与“好来修”和“哈姆雷特”是我最先学到的三句英语。这是我生命中第一次与西方的接触。

第二次再读《哈姆雷特》，已经十一年之后在北大上学的时候了。赵隆襄老师主讲。“好来修”不再给我造成恐怖。可是我发现，往昔黑夜里听故事时的滋味也烟消云散了。恐怖于我，似乎本来与舒心同在。它够火，耐得住咀嚼。没有了恐惧，阅读少了腊味。

那时，我应该上小学二年级下，如果学校开门的话。小瓯上幼儿园大班。

《哈姆雷特》是我和西方的第一次接触。

| 第二章 |

柏拉图：和祖先握手

在乡下长大的日子里，我见到一些特殊的“文人”。其特殊，就在有知识却不怎么识字。肚子里的故事像空气，吸进吐出随时随地兴之所至。全是历史上的事。不是历史，在中国不算文学。小说和戏剧一直到明清才被算入二等文学，之前的两千多年里，它们只是闲言碎语而已。

外婆能讲故事，当然是历史故事。比如凤与凰，梦燕什么的。她不识字。家里不让女孩子读书。不读书，其实是指不把女孩子送到学校去学，而是留在家中关起门来调教。出去容易受风气的影响，心就乱了。女孩子受的教育，而非识字教育。外婆听来的历史装了她一肚子。浙江的空气和水土就是历史，活在其间，哪怕是在深山远溪（浙江没有老林），吸吸空气，喝喝那里的水，听听人说话，历史故事就有了。在乡下的那几年，训练了我的听读能力。

男人历来是要读书的。有书读，又在如此的空气水土之中活动，脑子的窍就开得大了。宋元的读书人翁森是浙江仙居人。仙居出人才，与那里的读书传统有关系。《四时读书乐》据说就是他写的。

我从乡下回来上小学，适逢学校关门闹革命，除了晚间半懂不懂的“哈姆雷特”剧，便是随父亲练字。在革命的新时代，女子与男人享受同样的上学和不上学的权利，这使我有了与祖先女性不同的命运。二十多年后，在法国大学给年轻人上课，我常常会不由自主地问自己，如果没有新时代给我的学习权利，如果没有新时代给我的不上学的机会，在家偷偷和父亲学古文、听“哈姆雷特”剧，以消度空悠悠的时间，也许我的祖先就不会任我像今天这样，对可爱的西方年轻人，讲述中国祖先的历史、思想、礼仪和如何读书了。每每念及于此，我心中有一种无以言述的感动：历史不会欺骗至诚，我的祖先和今天法国的年轻人，在时间和空间上有着那样遥远的距离，而身心却同样柔软。柔软的身心是精神内敛与开放的沃土。

父亲有几位画家朋友，大多是老人，其中间有一两位年轻人。头发都不短。年老的有书法家陆维钊老先生、严群先生和夫人，年轻的是何水法，他画的莲花始终在我家墙上，杭州人喜莲，玲珑剔透而不娇气，出入云雾之间而不糊涂。用它的叶子蒸糯米团，蒸肉和鱼，清香在嘴里挥之不去。它的根莲藕清火养神，晒干磨成粉，放两勺在小碗里，加入桂花和糖，用开水一冲，拌匀，就是藕粉糊。藕粉糊是我们小猴子们最上乘的点心了。莲花的果实莲蓬，每到夏天，杭州城里的街上，尤其在近西湖的路上，一小堆一小堆地摆着，任路人挑捡买去吃。两分钱一个。2002 年夏天回去，还看见有卖，一块钱一个。一般一次就买一个，到不是因为想省钱。一个莲蓬通常有十个左右的莲子。剥开莲蓬，取出莲子，剥去上面的绿皮，露出白嫩的果实，那就是莲子。莲子芯很苦，是消火的好药。能一口气吃上两三个就不错了。多买，吃不了，一夜之后就枯萎许多。所以买两个的很少。

夏天，学校放假，父亲带我去见老先生们。回来的路上，他会背出几段辞章，此时，我知道，父亲高兴了。父亲的记忆很好，古时候的曲词、诗文，比如《西厢记》倒背如流。但他不会《西游》和《红楼》。我就是在路上听会了这首《四时读书乐》：

山光照槛水绕廊，舞雩归咏春风香。
好鸟枝头亦朋友，落花水面皆文章。
蹉跎莫遣韶光老，人生惟有读书好。
读书之乐乐何如，绿满窗前草不除。

新竹压檐桑四围，小斋幽敞明朱曦。
昼长吟罢蝉鸣树，夜深烬落萤入帏。
北窗高卧羲皇侣，只因素稔读书趣。
读书之乐乐无穷，瑶琴一曲来熏风。

昨夜庭前叶有声，篱豆花开蟋蟀鸣。

不觉商意满林薄，萧然万籁涵虚清。
近床赖有短檠在，及此读书功更倍。
读书之乐乐陶陶，起弄明月霜天高。

木落水尽千崖枯，迥然吾亦见真吾。
坐对韦编灯动壁，高歌夜半雪压庐。
地炉茶鼎烹活火，一清足称读书者。
读书之乐何处寻，数点梅花天地心。

我最喜欢“地炉茶鼎烹活火，一清足称读书者”一句。杭州冬天没有暖气，除了医院的手术室和澡堂。一般人家到了吃饭的时候，就把做饭的煤炉拿进屋里，煮上一壶水，砌茶灌热水瓶，或放上铁锅煮全家福，下饭。把各种剩菜或新鲜菜蔬放入锅中，最好有点骨头汤，有荤味，加水、盐一起煮。快到吃饭时，放入地瓜粗粉丝。这大锅汤菜，母亲称之为全家福。可不是么，全家围坐炉旁，吃大火锅，这汤菜送米饭下肚的速度极快，几口，一碗饭就没有了。肚子和屋子很快就热起来，冻僵的手脚也有了热。这是怎样的快乐。饭后，煤炉不撤，全家围坐读书。学校关门闹革命，没有课可上。我又太小，九岁，没有人会来找我去闹革命。我唯一的乐趣，就是读书了。可是，图书馆被封，新四旧和旧四旧的书全不准看，除了毛主席和马克思、恩格斯、列宁的书。那些书，我曾经早上六点起床，在昏暗的灯光下看过，实在不懂，不会读。只好放弃。这就意味着我唯一的乐趣是一个没有可能、也是危险的乐趣，是去找我能看懂但又不能读的书，比如封在图书馆里的书。这才有了把父亲集的邮票拿去全换书看了的故事。我读书的地方，最喜欢的就是这煮着全家福的煤炉旁。窗外的寒冷更使人留恋屋内锅里菜汤的热气。

不知我的祖先在两千多年前读书，是不是也受着菜汤热气熏陶？从书中记载的历史看，祖先读书，可以上溯到《尚书》记载的尧舜时代（约公元前22世纪）：

> 帝曰："夔！命汝典乐，教胄子，直而温，宽而栗，刚而无虐，简而无傲。诗言志，歌咏言，声依永，律和声，八音克谐，无相夺伦，神人以和。"（《尚书》舜典）

三皇五帝中的舜帝，委派手下的大臣以祭典和音乐教化民众。是民众通过教化，也就是通过祭礼和乐礼的学习，变得坦率而温和，宽厚而严谨，刚直而不暴戾，通达而不贡高。用诗表述情志，用歌畅言，以声乐顺咏，以音律谐和声音，八种音能协调一致，而不相互克伐，人与神因此合一。

中国从远古时代开始，读书与教育就直接相连，读书是为了教育民众，这一思想在孔子那里表达得最清楚：

> 大道之行也，天下为公，选贤与能，讲信修睦，故人不独亲其亲，不独子其子，使老有所终，壮有所用，幼有所长，矜寡孤独废疾者皆有所养，男有分，女有归；货恶其弃于地也，不必藏于己，力恶其不出身也，不必为己，是故谋闭而不兴，盗窃乱贼而不作，故外户而不闭。是谓大同。（《礼记》礼运）

读书教育，约始于西周，公元前一千多年以前。古时候读书上学的地方，有辟雍、泮宫、庠序、瞽宗和学校。辟雍是天子所在地的大学，朱熹给《大雅·灵台》作注：

> 天子之学，大射行礼之处也。水旋如璧，

以节观者，故曰辟雍。天子礼在此地，怀柔四方来观礼之人。辟雍之制即悬钟鼓，四方有水环之，奏乐行礼。

历史上有文王辟雍，武王辟雍之说。

泮宫，是列国诸侯之学，设在诸侯所在地。朱熹为《诗经·鲁颂·泮水》作注说：

泮水，泮宫之水也。诸侯之学，乡射之宫，谓之泮宫。其东西南方有水，形如半璧，以其半于辟雍。故曰泮水，而宫亦以名也。泮因之，泮宫也指诸侯，一如辟雍顺延而指天子。

胡美琦在《中国教育史》一书中作泮宫解说："此制沿革至今，全国各省县均有孔子庙，庙旁有明伦堂，堂前有泮水，上筑桥，过桥即可拾级登堂。此一建筑式样，即古代泮宫沿袭下来，至清代秀才进学即称入泮。"

（台北，三民书局，1986，第3页）

孟子在《滕文公》上篇对庠序和校有如下定义："设为庠序学校以教之。庠者，养也。校者，教也。序者，射也。夏曰校，殷曰序，周曰庠。学则三代共之，皆所以明人伦也。人伦明于上，小民亲于下，有王者起，必来取法，是为王者师也。"庠序校均为乡校，也就是今天我们说的地方学校。《汉书·食货志》对庠序的记载与孟子不同：

> 五家为邻，五邻为里，四里为族，五族为党，五党为州，五州为乡。于里有序，而乡有庠。序以明教，庠则行礼，而视化焉。

明人伦，即"明教""序以明教"，明教之后是学礼。故"庠以行礼"。殷商和周代，据《左传》所记："国之大事惟祀与戎"。与之相关的教育，有六艺：礼、乐、射、御、书、数。礼为第一要学的科目。乐直接与礼育相连。教礼，首先是教乐。祭祖先祭天地，向祖先大声宣告即将进行的军事或其他活动，这些是礼的主要内容，而行礼则不可没有乐。礼、乐是学校主要的学习内容。“瞽”为目盲者，古时乐官大多为目盲人，故乐官也称“瞽官”。“瞽宗”成为学宫，也就是学校的代名，年轻贵族在那里学习祭祀乐礼。《礼记·文王世子》记载：

> 凡学世字，及学士，必时。春夏学干戈，秋冬学羽龠。皆于东序。小乐，正学干，大胥赞之。龠师学戈。龠师丞赞之。胥鼓南。春诵夏弦，大师诏之瞽宗。秋学礼，执礼者诏之。冬读书，电书者诏之。礼在瞽宗，书在上庠。

可见古代学校教育，礼乐与习武并重。礼在学校教育中的位置，是由国家大事“祀”决定的。繁体“礼”字，从字源上看，由几部分组成。左边是“示”，两横为天，下面三竖为日月星，此字记录了我们祖先观天文、察时变、知神事。右边“丰”，行礼之器，表示祭祀时用的供果。知道如何行礼就是孝，孝便有吉。孔子对周武王、周公的评价是“达孝”，说他们善继先人之志，善述先人之事：

> 春秋，修其祖庙，陈其宗器，设其裳衣，荐其时食。（《中庸》第十九章）

宗庙之礼的目的很明确：

> 宗庙之礼，所以序昭穆也；序爵，所以辨贵贱也；序事，所以辨贤也；旅酬下为上，所

以逮贱也；燕毛，所以序齿也。（《中庸》第十九章）

礼的最终目的是治国。孔子说：

践其位，行其礼，奏其乐；敬其所尊，爱其所亲；事死如事生，事亡如事存，孝之至也。郊社之礼，所以事上帝也；宗庙之礼，所以祀乎其先也。明乎郊社之礼、禘尝之义，治国其如示诸掌乎！（《中庸》第十九章）

懂得祭祀天地和祖先的礼，治国就像看自己的手掌一样容易。年轻人怎么能不学呢？这里，当然是指贵族，平民那时是没有资格参与宗庙祭礼的。古时学校的教育是礼教，国家是礼治。

到了我少年时代，这些礼已经几经革命，被扫到不知哪个角落了。学校关门，就是开了门，没有森林供狩猎，没有庙堂可以祭祀，学校和六艺完全没有关系。没有学校，我并不感到寂寞。冬天，坐在火炉旁，地炉茶鼎烹活火，心里很开心。举头，窗上的冰花细密细密的，带你进入白色森林和水晶小路。低头，手中的书领你去火车都不能到达的地方，那地方离你有两千年以上的光景，祖先给你讲他们的感觉，他们的经验，他们的预想。老人的想法总是比较特，特就特在和平常人不一样，比如说做梦，他们有占梦官，用蓍草跳舞，用骨头放到火里去看是连山、归藏还是易卦，命就不一样。比如说读书，古人主要读礼，读天象，读卦象和先人的记载。那时没有经济、法律、商业管理，也不知有贸易、外交，无论文理。“学好数理化，走遍天下都不怕”是后来人的经验。在祖先那个时候，要说这话，肯定没有人能听得懂。

我那时读书，还没有这么大的福气：和祖先说话。只能读到用父亲收藏的邮票换来的书，有什么就读什么。有时候是古人的梦，有时候是今人的梦。更多的是革命者的革命梦，离我倒很近，二三四十年代的，五十年代的事。无论什么书，到我手里，只能有三天的时间去读，这是换书时的条件。三天后借书人来取书。我必须在三天之内看完。

“人不读书还行？养儿不读书，不如养头猪。就是当农民也要读书的！”父亲知道我高中毕业，必定下农村接受再教育。我是家中老大，老大的出路就是下乡，除非是病残，或者是有文艺专长的，可以例外。可是我身体极好，老大，头一胎，母亲生我时二十四岁，大概是把精华都给了我。家中不让习艺，更谈不上文艺专长了。所以铁定当农民去的。我倒是不在乎，没有什么心思，安安静静地读书，准备当农民。人没有了“热望”，心是静的。不受欲望的煎熬。

可是，当农民和读书，在那个时候简直是风马牛不相及的两条路。学校关门闹革命，半年后，门重新开了。大概发现，关了门，没有年轻人折腾，空无一人，除了幽灵晚上来会会，而且得他们愿意，革命闹不起来了。我就读的光芒路小学离我家步行要二十分钟路。有两条路。一条比较远，过池塘，穿过豆角地，“黄河”游泳池，经过一棵有着巨大树荫的树，再过一个池塘和木板平房群便是学校。后来读《聊斋志异》“豆棚瓜架语如丝”一句，总想到这片池塘边的豆角地。另一条路过人民中学，潮鸣小学，菜场（早上可以顺便把菜篮子带去放在那里，放学后经过买了菜回家），一个池塘，光芒路小学就到了。我换着路走，雨天走远路，可以看雨中的两个池塘（二十年后回杭州旧地重游，池塘已经被填成平地，上面盖了两座楼房）和豆角。有太阳就走菜场那条路，菜场一定有蔬菜供应。

人民中学校门有红卫兵站岗执勤，他们都是学校的学生，轮流当门卫。校门口两旁是白色的围墙，上面的大幅标语经常换。是形势的晴雨表。一天，阳光灿烂。我走菜场那条路，回来看到人民中学的晴雨表上贴着一幅大标语："彻底批判'两耳不闻窗外事，一心只读圣贤书'的封建思想！"

我背着书包，提着一篮青菜和一个毛笋。毛笋每年到五月六月天热时还有，竹笋则三月一过就别想吃到了。杭州人看重竹笋，毛笋是大路菜，做不好还会麻嘴。其实，毛笋没有那么难弄。用它煮咸肉，或者煮雪里红，是一等的好菜，极鲜。所谓鲜，对于我，就是味道在嘴里留得时间长，辗转不去，有回味。自从1978年2月离开杭州上北大后，二十四年过去了，我始终没能在春天回到杭州。而想到毛笋，嘴里还有味道。回味的时间不可以说不长了吧。

回家，剥毛笋皮，准备做饭。父亲从医院回来吃晚饭。我们三人在家，妈妈下乡了。

——封建是什么？我问。

父亲好像吓了一跳，盯我看了一会，说："你想是什么就是什么。"我没有作声，没想好什么是什么，不知道怎么回答。

——什么叫圣贤书？我继续问。

父亲看着我，没有回答。

——我知道，我知道，就是"两耳不闻窗外事，一心只读圣贤书"，人民中学门口贴着呢！弟弟小瓯抢着回答。那是要批判的。

弟弟小瓯上小学二年级，我们差三岁。他识字，全靠广播喇叭里的口号和墙上的标语。无师自通，肚子里虽然没有墨水，（学校老师那里敢往孩子们肚子里灌？他们自己使劲儿清洗还来不及呢），但知道的词语不少于我。

——两个耳朵都伸到窗外去了，还能读书，就是不圣贤的书，也得用耳朵。

——读书用耳朵，没听说过。弟弟回了一句。

——先用耳，听熟了自然眼睛就跟上来了。我们小时候四岁就念书，念的就是听老人读的书。梵文称博学的人叫“多听的人”，我们中国叫有学问的人。有学有问。人听的能力远比目力强。父亲说。

饭毕，我们和往常一样，围着父亲的两

个膝盖坐在地上，我抱父亲左边的腿，身后是北边黑洞洞的小屋，小瓯不肯坐这个位置。他抱父亲的右腿，近吃饭的饭桌和饭桌上的灯，光更让人放心。要不佛家人怎么说传灯呢。人也有光，只是欲望太重，眼睛失去了看到别人身上有光的能力。听外婆说，人身上的光不一样，善人的光相好，最好的光是金色，然后是黄色和白色。烦恼重的人，光是灰色，人说“灰头土脸”。

我们做好了准备，“好来修”再来也吓不了我们。父亲稳稳地坐在他的木椅上，手里拿着一本书。和往常不一样，书不是深红色硬皮的了。书面呈米黄色，平装，书面上的字我能认出几个来：

共和国　柏拉图

父亲翻开书，念了起来：

——后悔了。于是他捶打自己的胸膛，嚎啕大哭。他忘了神使的警告：不幸，是自己的过错。他怪命运和神，等等，就是不怨自己。

——爸爸，他是谁？神使是哈姆雷特的朋友吗？小瓯问。

——我在给你们读柏拉图写的《共和国》。柏拉图是古希腊的哲人。比哈姆雷特早两千多年。

——读这么远的书？弟弟道。

——和祖先握握手，生命的路会清楚一些。

——什么叫哲人？弟弟问。

——就是用脑子走路的人。父亲答。

——路是用脚走的，爸爸。小瓯纠正道。

——是的，那是眼睛看得见的路。人的命运里还有眼睛看不见的路。

我拉拉小瓯的手，让他合上嘴。听爸爸念。我也不懂，爸爸怎么换了剧本，不上演我们熟悉的哈姆雷特了。父亲扫了我们一眼，把眼光放回到手中的书上，继续念：

——这是一个在天上走了一趟的灵魂，他的前世生活循规蹈矩。但是他的善是由于风俗习惯而不是学习哲学的结果。确实，广而言之，凡是受了这种诱惑的人大多数来自天上，没有吃过苦头，受过教训。而那些来自地下的灵魂不但自己受过苦而且也看见别人受苦，他们就不会那么匆忙地做选择了。

爸爸念的是中文，不用翻译给我们听。他念得很慢，但一点不作停留。好像我们都不存在。他在读给自己听。那些中文字，一个一个排着队，从他的口里慢慢走出，在空间踱步，向桌上的灯光微笑、点头，过来亲亲我的耳朵。好熟悉的声音呵。我认识它们中间的每一个，可是，不知怎么的，它们串在一起，变陌生了。我把手伸过去，想摸摸它们的脸，它们却转眼间不见了。

——当所有的灵魂已经按照号码次序选定了自己的生命时，便列队走到拉刻西斯面前。她给每一个灵魂派一个保护神，引导他们度过一生、完成自己的选择。保护神首先把灵魂领到命运神克洛索处，用她手下的锤子敲定灵魂各自选择的命运。之后，保护神又把灵魂们领到阿特罗伯斯那里，用他的锤子敲定命运之线。然后每个灵魂就头也不回地从“必然”的膝上走过。

——从“必然”的膝上！好美呵，我小时候在母亲的怀抱里长到六岁。父亲说。

——爸爸，我的那个什么也被这个锤子敲了？小瓯问。

——你的那个是我们祖先定的。父亲回答了一句，继续念：

——一个灵魂过来了，要等到所有其他的

领会都过来，大家才上路。他们走到忘记女神的平原，天气闷热可怕，四周一片沙漠。傍晚，灵魂们在忘河边露营。忘河水没有容器可盛。

——忘河水有汽水好喝吗？小瓯问，咽了一下口水。他最爱喝七分钱一瓶的橘子汽水，在冰块里镇过的。

——忘河里的水？不知道，没喝过。我们祖先没有忘河，有黄泉。水有八种品德：纯净，甘美，清凉，轻软，润泽，安和，除饥解渴，长养人性根器。没听说有忘的功能。

在乡下，夏天的夜里，外婆也给我讲投生的故事。不过，没有忘河。倒是有隔阴之迷。外婆说，人有两种出生方式，或坐胎，或夺胎。都是灵魂的转世投生。坐胎的灵魂对于前世是有记忆的。夺胎的灵魂在出生的瞬间忘却了前世的一切，失去了记忆，因此有隔阴之迷。对前世完全不了解，只为现世活着。容易受到魔的左右。魔有四类：五阴魔，烦恼魔，死魔，天魔。外婆一说就是一串。我弄不清楚，反正魔就是魔，有竹竿那么长的手。我一不听话，外婆就会叫竹竿那么长的手快来。

外婆说，她生在这个世界是来投生的，因为前生造了孽。要不，她早就上西天做罗汉菩萨了。那里有梵音，就是八种极好听的音，微风一吹，八音就起。她最想听的是不女音，可以让人不近妖艳，和不竭音，人听了辩若悬河，无尽无竭。那里的光不是日光和月光，但比日光和月光更亮，照得更远，能把过去、现在和来世都照到。真正孽重的就投不到人身了，或在地狱里做饿鬼，或在世上做动物。外婆养的那些母鸡，红扑扑的脸，亮亮的小圆眼睛，每天生一个蛋。她们也造孽了？后来，邻居一个叫“鹅头”的小孩放鹅的时候，我问他，他的鹅前世造过什么孽？鹅头盯了我一眼，眼睛往上翻翻，走了。

父亲仍然念着。不知什么时候，小瓯已经靠着父亲的腿睡着了。小脸上有一丝微笑，张着的嘴里挂着一滴口水，圆长圆长的，透明，莹满欲落。

夜越来越黑，周围没有一点声音。父亲压低嗓门。不能让人听见我们在听读希腊人的话，那是属于“四旧”的东西，西方的“四旧”。我们在这个希腊人那里呆了多久了？现在已经几点了？不知道。我揉揉眼睛，竖起耳朵。一个一个的字像萤火虫，在眼前飞舞，我努力捕捉着，一个字，半个字，一个角，半个角……祖先离我是那么近，可我怎么也够不着他们。声音进入我的梦中。睡梦里听见的人声很遥远，却是那么亲切、恬静。像是回到胎儿，听祖先的声音。

| 第三章 |

织女与读书

初一那年，我十四岁。小学停课闹革命，多上了半年。六年半才放我们去中学。后来听说，因为学生太多，中学安排不下，让我们在小学先上中学。学校的领导是工宣队。学工学农学军还有上课都由他们管。学校成立了三结合教学小组，工人师傅、学生、老师三结合。原来的校长叫沈阿水，靠边数年后也被吸收进来。讲台是个重要的阵地，不能让老师独占。我作为学生代表，被指定进入这个小组。谁指定的，我一直没闹清楚。

师傅们的任务是定方向，老师代表是定教学方案，我们学生代表的任务是执行教学。角色分工很分明。不过，执行起来，我发现其实没有那么森严壁垒。师傅们笑嘻嘻地，很好说话。老师们说该上什么，都是点头通过。老师根据教学方案，把部分教学让给我们学生来上。本来也让给师傅们上。师傅们领导会议很好，可上了讲台，他们的手脚好像多了出来，不知放哪儿好。背着台词，一不小心忘了某个词，我们下面就得随时准备，友好地提醒一下。碰到数学，我们自己也没闹清楚，就无法提醒台词了。这时，师傅们会很快过去，我们学生们尽管一点摸不着头脑，也非常努力地紧跟着过去。反正是开卷考试，可以参考书和笔记。工人师傅水平很高，就是表达比较吃力，老师说。于是，师傅们上的那一部分，后来就干脆让给我们“学生教师”去表达了。我们下学后留在学校政治学习，准备教案，很少七点以前回家。

晚间，听父亲对母亲说：

——女孩子不会女红，以后怎么过日子？我们那个时候，女孩子都会纺线织布。

母亲已经从乡下医疗队回来。我知道他是在说我。我看书快，一本书一夜就看完，这是父亲邮票的功劳——用它换书训练出来的速度。但是我手比较笨，偶尔给弟弟缝的扣子不过两天就会掉下来。

——我的女儿不当织女。以后纺线织布衣服鞋袜都有机器了。可是记性和读书，机器是没有办法的。由她看书吧。长大就没有时间了。

父亲没有再说什么。我心里有点奇怪：他在他的剧院给我们演哈姆雷特和柏拉图时，不曾说过女红啊。

家中书柜里有一本很沉很旧的大开本硬皮书，讲天上的星宿。织女是天上的星宿，有三颗星，位于银河西面，与之相对的是银河东面的牵牛星，有六颗。夏秋时最亮。农历七月七日，织女和牛郎像人间的情人一样相会。这一天，宇宙的阴气和阳气，月亮和太阳，光明和黑暗，乃至冷热都不增不减，和平共处。一年一天的和平。男人们准备出去打猎或打仗。女人们在家备好祭礼，给花神上供，祈求美貌。她们还准备一个盒子，把蜘蛛放进去，第二天打开，向织女乞巧，希望自己的手艺能和蜘蛛的天工相比。也就是求做女红的灵气。

夏天乘凉，我拿着书，在黄黄的路灯下

按图索骥，只在书上找到两个星宿的方位。抬头望天，便方寸全无。天上那么多闪烁眼神，透过沉坠的夜幕盯着你，给我带来无际的慌乱。我的视力不好，本来远近不一，远望它们，不知如何把握距离。

对织女最早的记载，可能是《诗经·小雅·大东》：

维天有汉，监亦有光。跂彼织女，终日七襄。虽有七襄，不成报章。睆彼牵牛，不以服箱。东有启明，西有长庚。

织女到了汉代乐府，开始有情：

迢迢牵牛星，皎皎河汉女，纤纤濯素手，札札弄机杼。终日不成章，泣涕零如雨。河汉清且浅，相去复几许。盈盈一水间，脉脉不得语。

织女是远古时起就成为妇女的同义词。星辰降至人间，成为家庭的女主宰。天上的织女星宿的命名，反映出祖先时代的女子的社会分工是理家治内，男主外。纺纱织布是家庭经济的命脉。民间有一个风俗：家里若生了儿子，在门上悬一张弓。若生了女孩，则在门上悬一个纺锤并挂一块织布。这习俗在我外婆出生年代还在延续。尽管有几度西洋风吹来，纺锤仍然保持着它在门上的位置。

纺锤不影响教育。古时女子的教育，不在学校，而是在家庭进行。据《礼记·内则》记载，男孩十岁上学开始系统学习六艺，准备为宗族和国家服务。女孩在家学习家事：

> 女子十年不出，母教婉娩听从。执麻枲，治丝茧，织纴纠，学女事，以供衣服。观于祭祀，纳酒浆笾豆菹醢，礼相助奠。

当年孟母“子不学，断机杼”，可见她对孩子教育的重视。男子的教育之根本，是耕读。而女子则是纺绩酒食。但织女并非意味着女子没有读书教育，古代贵族家庭有专门的女师。《周礼·九嫔》谈到女子教育的九御：

> 九嫔掌妇学之法，以教九御：妇德，妇言，妇容，妇功。

古时女子学的不仅仅是家世，她们也读书，而且读得不比男子少。做女人的任务很重，有妇德，妇言，妇容，妇功四大节要修。三国时代的才女蔡文姬，博学，妙于音乐。其父，文学家蔡邕所传的四千余卷书在战乱时全部遗失，她后来完全靠记忆背出其中四百多卷。

女子读书，要在没有家外男人的地方，

防止染上爱情。读书多了，心里的沟壑就多，心会变活。1904 年张之洞张百熙拟定的《癸卯学制》章程中，还有这样的记载：“惟中国男女之办甚谨，少年女子断不宜令其结队入学，游行街市，且不宜多读西书，误学外国习俗，致开自行择配之渐，长蔑视父母夫婿之风。故女子只可于家庭教之。”家庭是女子接受教育的场所。中国最早的女子学校出现在 1844 年的宁波，为传教士所建。第一家中国人办的女子学校由江兰陵1897年在苏州创办。

癸卯学制标志着中国现代教育的开始。教育开始面向人民。这是自 1862 年同文堂创立以来四十余年新式教育经验的总汇。国民教育第一次程序化和体制化。学校终于有章可循。那时的新式教育是以日本模式并通过日本模式以德国模式为主要参考。新式学校达到 8277 所，约 258873 位学生，但女子上学率还不到 1%。而同一时期，日本的就学率男女都是 100%。女子可以上普通小学是 1906 年的事，上普通中学是 1912 年，上大学在 20 世纪 20 年代初。

女子不必非做织女。李汝珍在他的《镜花缘》中描绘过会打猎射虎读书有数学脑袋、能做诗的女子。纺线织布在他的书中被列为可以置男人于绝地的女红。

中国历史上女诗人，身份不一，有仕宦家庭的才女，如东晋的谢道韫，宋代的李清照和朱淑真。有能和男子文士自由往来的女冠，如唐朝的李季兰。有风流女子，官妓，如唐朝的薛涛。而有一点共同，用现代的话语说，都属于典型的主体性写作。中国古典诗歌中女性诗歌的“自我”的主体性表现得最强烈。伦理道德式的“诗教”成分也最少。李清照的诗充满闺怨：

寻寻觅觅，冷冷清清，凄凄惨惨戚戚。乍暖还寒时候，最难将息。三杯两盏淡酒，怎敌他、晚来风急？雁过也，正伤心，却是旧时相识。

满地黄花堆积，憔悴损，如今有谁堪摘？守着窗儿，独自怎生得黑？梧桐更兼细雨，到黄昏、点点滴滴。这次第，怎一个愁字了得？（《声声慢》）

而李季兰的诗没有这样沉重的怨，风流灵动：

经时不架却，
心绪乱纵横。

我母亲在西洋风气里受教育，她恐怕不会希望自己的女儿去当织女，无论感情上还是受教育上。李清照的愁和李季兰的风流，也不会是她对我的寄托。妇女现在被定位成半边天了，女子这个地位是中国历史上最高的。只要这半边天不要太努力去蚕食另外半边天，天下就能太平。

问题出在当时“文革”，大学关门。中小学开门，闹革命，半年在教室里闹，半年在工厂和农村或者军营。女子这个半爿天若没有手艺，怎么在农村生存下去。那里靠劳力，而且流行一句口号：“知识越多越反动”，周围没有人看书，除了《毛选》和《马列》。

我除了书，没有别的心思。我的前途是下乡。我不在乎。在外婆的乡下长大，喜欢那样的天地。只要能找到的书，能用邮票去换，说好话借，都行。《毛选》和《马列》是正书。我实在看不懂。有了父母亲的对机器的信任，就放任我看杂书，不沾针线了。周围的女孩很多在忙着学剪裁衣服、编织，或学文艺。男孩多学木匠、中医、画画。学一门吃饭或看家的本领。我只有书。看得天昏地暗，饭菜烧糊，红烧肉烧成炭，父母没有责备过一次。而那时，一个月一人的肉定量是1/4公斤。烧糊一次，意味着一个月没有肉吃。现在想起来，觉得惭愧。这看书的瘾把家人的生活都搅乱了不少。可是书中的世界，对于我，是一个怎样的发现，怎样的高度呵。

爸爸不知从什么时候开始，每天半夜去会诊。凌晨回来。第二天一早仍去医院上班。一天晚上，后半夜，我听到楼下有人在轻轻地叫“金医生，金医生”。我呆着没动。那叫声很轻很轻，很柔和、干净，在寂静的夜里，声声都重。我起床，推开窗户，月光下隐隐看见两个人，像是军人。爸爸起床匆匆下楼走了。我心里很感到安慰，幸亏叫爸爸了，让他们这么半夜赶来请，一定是重病急诊。

次日傍晚，爸爸从医院回来。他的晚上

剧院关闭了。哈姆雷特、柏拉图之后没有再继续上演过，革命形势不允许。他显得有心事，回家很少说话，我们都不问。在那个年代，回来没有心事的很少，连蝈蝈都不怎么叫了，它的心事也不小。

——你以后想干什么？爸爸问。

我抬头，见他看着我，明白这个问题是向着我来的。以前说过想当老师。可是命运不在自己手里，谁知道老天是怎么安排的。

——不晓得。我答道。

我是老大，又不会跳舞唱歌拉琴，下乡是肯定的了。

——想参军吗？

今天爸爸是怎么了？问这种问题？参军，这简直就是上天堂。学校的同学和家里的猴群们，没有一天不做这个梦。对于我，也只是一个梦，我知道。我不是红军的后代，更糟糕的是外公在台湾，就这一项，足可以灭了任何梦想。没有任何梦想的权利。没有权利的梦不就是欲望么？欲望不是愿，会使人变疯的，外婆说过。五十年代中，妈妈在华东医院，就因为这台湾的关系，组织上明白告诉她，永远只能是党外人士。肯定，我也就永远在党外军外。前途：下乡当知识青年。对于爸爸的问，我心都不动，随便答一句：

——随便。

爸爸笑了。过了一会儿，自言自语地说：

——我的女儿，以后是要读书的。

读书？爸爸指的是读大学。这怎么可能？学校门还不知开在哪儿呢？就是大学开门，像我这样的社会关系，也不可能被认作国家要培养的接班人。爸爸今天是怎么的了，像绿色的太阳在西边升起，怪事。

晚饭后，爸爸让我们坐下，“我们”已经变成三人，小弟弟小辉从外婆家回来上学。

——今天讲“The cake of the King”。

爸爸的剧院，又一次拉开幕。他已经很久没有这样的兴致了。

二十二年之后，我在父亲临终的床前，

第一次知道当年父亲上演《国王的饼》的原由。父亲谈到当年问我的话：想不想当兵。“当时你的回答给了我多么大的安慰”。半夜来喊门的是空五军的年轻军官，请父亲去给军长陈励云看病，每天半夜走，清晨结束，如此有一个月。遵照组织纪律，这是不能说的。陈励云问父亲，女儿多大了。父亲答说十四。“可以来参军了嘛”，军长说。父亲答说：“我女儿以后是要读书的。”父亲拒绝了所有人热望的梦想。

父亲又怕他替我做出的选择会从此断送我以后的路，而我自己还不知，因此有这样一个问，没有想到我的一句“随便”，给父亲这样的安慰。更不会知道十四年之后，我竟在大学做了织女，只不过是编织文学。

织品也是一种阅读。古时中国王公的服饰有十二根衣带，表示一年十二个月。方口领象征其施政的正确。一直垂至脚脖子的袍子象征永不受腐蚀的公正。写到此处，我们也顺便逛逛古希腊柏拉图的天地。柏拉图用雄性经线与雌性纬线来形容语言的构造。元音与辅音交织成音节和词组。然后在语法的编织下，词语与词语之间交错往来通婚。在古希腊，新郎新娘在婚礼上共披一块布，象征夫妇共枕同梦。柏拉图在《费德尔》里描写一对相恋男子费德尔和理斯亚。理斯亚写了一个长篇文章，由费德尔随身带着，并大声念此文。理斯亚的写作藉费德尔的阅读获得生命。两位情人都需要对方来实现情感，完成写作。阅读，在这里是相互的依恋和依托关系。经线是写作，纬线是阅读的声音。一旦阅读完毕，经线和纬线自行散开，以开始新的不同的编织和阅读。

中国古典书籍是一种织品。没有句逗，

没有段落，没有大小写的织品。经纬在编织中伸延和继续，一如美洲印地安纳瓦罗部落织女的习俗：永远编织不中断。她们在纺织机上特意留一块缺口，可以随时接上线头。编织的中断意味死亡。要永远编织，永远读下去。

与父亲告别回巴黎，我知道这是人世间最后的见面。我问他，当时怎么这么绝然地拒绝诱惑。父亲回答：

——人生有些道理是千年如一的。

| 第四章 |

四个轮子一把刀

一天下午，放学，和人流涌出学校大门。发现两侧墙上，贴了好些标语。纸后面还透着浆糊的潮湿。其中有一句跳入眼中：“批判‘书中自有颜如玉’的思想！”标语我见多了，没什么稀奇的。但这“颜如玉”三个字，我左读不懂，右读，还是不懂。它怎么和书连在一起呢？

回家三下五除二做了饭，和小瓯吃完，坐在黄黄的灯光下等爸爸。家里新定了规矩，医院病人随时会堵住下班的父母，为了不让我们等出胃病，他俩决定我们这些小辈们吃饭一概不等大人，饿了就吃。这当然不合过去老人的规矩。不过，革命时期，温良恭俭让，早无影无踪了。

说是等，其实是自由地消磨自己的时间。学校没有功课，老师对我们学生好还来不及，哪敢布置功课？我正好做自己的事：看有书角卷起的破书。我对书好看与否的唯一标准就是破。读书的经验不多，可我知道这种破书才有看头呢。当然，要紧的是躲着人看。破书，很容易激发人的想象：四旧，让人逮着了，可就有折腾了。不过，我不用躲小瓯。他比我还忙。

姨夫送来一枚毛主席像章。是姨夫自己设计的：头戴八角军帽，八角的比圆军帽的稀奇，小瓯立即做出评估。头像四处放射出金色光芒。线条很精细。红底金光，亮眼得很。

像章归了小瓯，他宝贝得不行了。小瓯在木桌前摆弄着，出奇地安静。平时他最闹腾了，穿着我过继给他的衣服，跑得飞快，被人叫作“美国佬”。光就他皮肤的白，就足以被人冠上这一名号了。

这安静忽然使我心跳，便抬眼望去：桌上平躺着方方正正密密麻麻的毛主席像章，满满一手帕！

小瓯满脸幸福。有一枚毛主席像章，是一件极其稀罕的事，已经能让同学们羡慕得去死了。除了姨夫的那一枚，只有空五军送给过爸爸一枚，但很小，拇指指甲大，圆圆的，比姨夫设计的要普通多了。爸爸也给了小瓯。总共两块，也不知小瓯用什么办法增值，换来这么多。

我继续看书。书中的故事比像章问题有趣多了。这书是从二楼邻居那儿借的。他比我领导的猴群大一点，好像没有自己的猴群，总独出独进。我的猴子们不去找他玩。可能是他嗓门比我们猴群中任何一个猴子都要粗，嗡嗡的缘故。我知道他那里有民间故事，读它们的急迫感超过对嗓子的疏远。常去借。借他的书不用邮票换，而且可以看一个星期。唯一使我觉得为难的是，他借我一次，要等上十天半月的才出借下一本。我看书，就怕等，恨不能一口气吃下去。哪经得起这么煎熬？等的滋味，我从那时起，开始享用了。说享用，其实是几十年后回想时的感觉。过去的事成了故事，不是享用么！

对他的书，感兴趣的不只我，同层邻居吴阿姨也是。我每次进他家借书，不用半分钟。这时间里，吴阿姨会来敲门。开门让她进来，她看我们的样子，像在找特务。下午这一次，还补了一句以前没有的话：

——以后进去不要关门。

我点点头。这木头门裂缝宽得可以探进任何眼神。我只要有书看就行。

黑夜里一声咳嗽，小瓯立刻跳起，爸爸回来了。一脸疲倦的样子，眼神中有事。他告诉我们，傍晚收进一个病人，被人从腰后刺了几刀，怎么使劲也没救活，才十七岁。也不知是谁家的，报派出所，正在找。

听送来的人说，这孩子回家，路上见一堆人，也上去围观。乱中挨刺，刺客不知是谁。

——以后任何热闹，都不许去看。

爸爸所指，首先是我。我最爱看热闹。哪儿人多，冲向哪儿。

——谁是“公”？我问。

下学回家，路过巷口，有一户人家被抄家，听围观的人群中有人说：“东西全充公了。”

——祖先说人之行善，利人者公，公则为真。利己者私，私则假。

——我上学是益己还是利人呢？我问。

我实在太喜欢学校了。尤其是学校再开门以后。没有学校的日子无味。听着沈老师沉厚的声音，看她讲课时脖子上两颗圆球一起一落，窗外的一切都不存在了。我这样的高兴是利己还是利人呢？

——这要看你。和祖先握手，爱所有的生命，算利人利自己。但不能只为自己高兴。私则不远。高兴是走不远的。人生中痛苦占大半时间，高兴的事是大海之一滴，没有了高兴，你还走不走下去呢？以后你想做啥？

——不知道，我答。

当老师是我的愿望，可是说了没用，决定命运的不是我自己。用门的反面作黑板给弟弟和邻居小孩上课，是我下学后除了排队买菜，要做的事。这事起因于小瓯。他上小学二年级时病了，在家卧床一年，不能上学。我放学后给他上课，数学和语文，家小，没有别的地方可以写，就把门的后面当作黑板。一年下来，他去考试，得了两个一百分。班主任茅老师高兴得跳了起来：小瓯可以继续跟班，不留级。在门后上课，也成了我的习惯。

父亲没有说话。对于他，我的愿是大愿

还是小愿呢？

——当赤脚吧。父亲建议。

赤脚是指在农村当农民医生，为农民看病，能下地干活，所以称为赤脚医生，并非总是赤脚不穿鞋，冬天和正式场合比如结婚等还是穿鞋的。我无所谓，只要让我说话，哪儿都行，赤脚穿鞋的不在乎。

小瓯回答：

——四个轮子一把刀。

爸爸眼睛一亮。

——要么去开车，要么去肉店。

半天，爸爸低头不语。我们见情形不对劲，便溜去上床睡了。

那天晚上，爸爸剧院的幕没有拉开。

父亲在沉默中消化痛苦，而不是消解痛苦、忘却痛苦。他活于痛苦，因而活于一种自由之中，一如海德格尔在他的论著《问题》中所说。

| 第五章 |

书香与绿太阳

2003年2月，中国文化书院、中国青少年发展基金会和法国人类进步基金会在北京大学召开跨文化对话讨论会。晚上在秘书处工作后从农园出来，披着月光和夜雾往勺园赶，我告诉越光，他有变化。

——什么变化，他问。

——变得有谦意了。我说。

越光笑笑：

——《易经》中只有谦卦是完全的吉卦。

《了凡四训》中说，易曰，天道亏盈而益谦。地道变盈而流谦，鬼神害盈而福谦，人道恶盈而好谦。是故谦之一卦，六爻皆吉。书曰：满招损，谦受益。了凡每见寒士将达，必有一段谦光可掬。

越光记忆好，读过的书大多能诵。

听着他说话，我想到三十二年前突然弃绝人世的姨夫，一个谦光可掬的画家。他在党校工作。姨妈和孩子在武义，在杭州只有我们是他的亲人。星期天常来我家，教我唱歌，或者读书。他一来，总抱我坐他的膝盖上，他自己坐在一个蓝色的白铁小圆凳上。直到有一天，小圆凳撑不住重量，瘪了。可我总觉得他有很多话，藏在肚子里。直到几年后，姨夫和小舅舅一样，无声地走了，再也没有回来。

姨夫喜欢和我聊天，尽管我的年纪小得无法和他对话。只要听他说，他就满足了。一次，我问他为什么总是有好脾气，他笑笑说：

——世间的人，误把傲气当成了志气。上天亏满而辅助谦虚，大地转变满盈而使谦虚流畅不枯，天地鬼神人五者皆向谦而厌满。我在人间，不过是沧海之一粟，怎么敢与它们相违呢？世间没有谦虚的不是。

姨夫的右派也是他谦虚不敢与世人相违么？我心里问道。

——人之有志，如树之有根，根深、大，芽、叶就茂盛。志大还要心大，大到能够着天。还须念念谦虚，感动了天地，你就有福气了。

——什么是福气？我问。

姨夫仰起头，看着天。天边，浅蓝的幕布

上有几朵白云。

——心似白云。姨夫对天说。

姨夫是一个有谦德的人。

今天，谦虚是否能帮助青年人高考成功，尚未可知。在多如牛毛的高考指南中，还没有看到有谦虚指南的。时代变了？这谦虚，在法国人那里管用不管用，也很难说。地点变了的缘故？就像害羞，在中国是好品质，是丈母娘最喜欢的女婿人选标准。在法国是缺点，不会说话。地点一变，好话可能变成批评。

刚来法国，在巴黎七大教书。班上有一个女孩，温文尔雅，漂亮谦恭，学习很好。在我的印象里，漂亮的女孩与谦恭不大连得上，而她使我改变了想法。很快听说她父母和姐弟逝于车祸，只剩下她和一个妹妹。她除了学习，还要打工养活妹妹。一个人带妹妹，太不容易了。我小时候父母远放乡下，也是自己带弟弟，知道其中的苦处。心里很心疼她。那天上课，她回答问题回答得很好，我表扬她，学习好，而且，人很害羞。她的脸唰地红了起来。我暗暗为自己终于能在全班面前鼓励了她而感到欣喜。下课，她来到我的讲台前，红着脸说："老师，其实我已经不害羞了，改过了。"我心里一惊，原来害羞是要改的过，不是优点。我用了很多时间跟她解释中国美的标准之一就是害羞。也不知道能不能安慰她。自这件事之后，我不敢在课堂上随便表扬了，一不小心很可能把优点和缺点错了位。

这种错位一直在继续。1996 年在法国参观巴黎多科技大学。其地位相当清华。和清华不同的是，学生入学，即有军衔，拿工资。法国每逢七月十四日国庆，阅兵仪式打首，继总统之后，就是该校的学生。学校人事处负责人告诉我，该校的招生，有三个标准：第一，考生必须经过集体体育的训练，游泳、跑步等单项体育不算；二是口试时的辩解和说服能力强，能够提出问题；三是基础理论水平扎实，出色。他连续两年通过法国驻中国大使馆，去清华北大等校招考。结果，没有招到一个中国学生。中国学生的理论水平和解题能力极为出色，好到没有话说。但是，来应考的学生，在其他两项，即口试能力与集体体育方面，不能达到他们学校的要求。他一直为此感到非常遗憾。

难道是中国谦虚的教育使我们优秀的孩子们不擅言表了？不会提出问题了？在美国总统讲演后，学生们不是很能提问题么？尽管问题提得有点奇怪，但火气不小。

在读过的书中，了凡论的谦德给我印象

极深。了凡在其四训中，有这样一个记述：

江阴张畏岩，稍学工文，有声艺林。甲午南京乡试，寓一寺中，揭晓无名，大骂试官，以为眯目。时有一道者，在旁微笑。张遽移怒道者。道者曰，相公文必不佳。张益怒曰，汝不见我文，焉知不佳。道者曰，闻作文贵心气和平，今听公骂，不平甚矣，文安得工。张不觉屈服，因就而请教焉。道者曰：中全要命。命不该中，文虽工，无益也。须自己作个转变。张曰，既是命，如何转变。道者曰：造命者天，立命者我。力行善事，广积阴德，何福不可求哉？张曰，我贫士，何能为。道者曰，善事阴功，皆由心造。常存此心，功德无量。且如谦虚一节，并不费钱，你如何不自反而骂试官乎？张由此折节自持，善日加修，德日加厚。丁酉，梦至一高房，得试录一册，中多缺行。问旁人，曰，此今科试禄。问，何多缺名，曰，科第阴间三年一考较，须积德无咎者，方有名。

如前所缺，皆系旧该中式，因新有薄行而去之者也。后指一行云，汝三年来，持身颇慎，或当补此，幸自爱。是科果中一百五名。

了凡是明代人。那时世间重科举。我国历代由学校教育为国取士，由来已久，汉武帝用丞相公孙弘的建议，立博士弟子五十人。唐朝仕人来源大致有二：乡贡和馆学。隋唐考建立了严格的科举制度：乡贡，省试（中书省，礼部），殿试。教育配合科举，为国家选人才。在元朝，有乡贡，会试，御试，士人必须通过三关考试，始能任官。我国的官制，可溯及殷商。史系与师系。文武官。史系官是殷王派赴地方的特使，主持祭祀，传达王令。师系官主出征。从官字的字源看官乃保管祭肉之意。文官制度始于秦。西汉武帝始，加强太学教育，中试人才充官吏。对象有二：博士弟子（现任官吏中的年青俊秀），同博士弟子，地方选送（如今的保送）。学而优则仕，是中国古之名训。

明代学校制度，体系较为完整，中央有国学（国子学，国子监），地方有州、府、县学（中等教育，乡试或上国学），十年为限，元代虽有却名存实亡。地方普社学，由社学师专育民间十五岁以下的儿童（今日国民教育）。古人以四十为强仕之始，五十为服官政之年，以七十为至仕之期。（清梁章钜编《退庵随笔·官常一》）至仕就是官员退休。除了官员，是没有退休的。文人、农民都劳心劳力到终身。官员也是文人出身，退休后，在学校教书。有了经历，阅历，学历，最重要的是有了年龄，当教师的资格足足的了。古代的老师，由两种人组成，一是退休官员，二是科举未果、而学识人品皆佳的贤人。

科举早在1905年就被废除，而且，“文革”的时代，大学关门，国家从工农兵中间选人，学校教育是可有可无的。

然而，这一切并不影响姨夫对我的教学情绪。他星期天上午到，那时我们住万安桥北河下三十八号，两间屋。里间是父母和弟弟的卧室和书房，外间是吃饭、接待客人朋友病人和我睡的地方。姨夫来看我，就是讲课。除此，便是沉默。他讲课没有书，书在他的肚子里。他给我讲古人读书的故事。“万般皆下品，唯有读书高”，“书中自有黄金屋，书中自有颜如玉”……“如负薪”（《汉书》所记，朱买臣家贫好读书，常艾薪樵，卖以给食，担束薪，行且诵读），“如挂角”（唐李密骑牛，并在牛角上挂《汉书》边行而读），“如囊萤”（晋代的车胤，学而不倦，家贫不得油，夏日用练囊盛数十萤火，以夜继日），

“如映雪”（晋代孙康，家贫，以月光映雪读书），这些故事完全不和时宜地留在我的记忆里，三十年后成为我过继给孩子们的墨水。姨夫有时高兴，给我画画，他喜欢画一个小人抱一个大人，说是他的梦。

——一个人只要有书香和他作伴，他就是最幸福的人。书香让人会做梦。姨夫说。

——是甲骨文和竹简的书香吗？我问。

——甲骨文要有书香，绿太阳就从西边出来了。

这是他在批评我，我的问话只要不着边际，他就会召唤绿太阳。

在中国，“书籍”最早的含义包容一切文字记录：和鬼神的对话、祭祀、祝祷、法律、外交、公牍、事件、著述、先人的经验、知识、记忆等。按学者叶松发《中国书籍史话》

的分法，中国书籍经历五个发展阶段。殷商到春秋末年是中国书籍的发生期，书籍形式是龟甲、青铜器、石头、竹简、木简。战国到东汉末年是发展初期，竹简、木简为书籍的主要形式，帛书和纸书也开始出现。三国至唐朝末年为卷轴时期，以纸书和抄写为主要书籍形式。五代至清朝末年为印本时代，由卷轴逐渐转到册页线装。1840 年至今，是机械印本时代。电脑操作，文字可随时变化长短形体，留存和抹杀随时可以进行。一不小心，打出的文字会突然消失永远无影无踪。写书变成了打字。这样的变化，我们的祖先要是知道，恐怕会瞠目结舌，担心以何种文字形式维持与天地鬼神的交流。

甲骨文是中国最早的历史文献，可以说是最早的书籍，而最早的中国文字比甲骨还要早一千五百年。龟甲和兽骨，公元前十七世纪商代人用来占卜。甲骨放在火上烤，根据所形成的裂纹判吉凶祸福。占卜人官将占卜的时间、问题和结果以及应验刻在甲骨上，就是甲骨文，也称契文。殷墟甲骨是公元前十四至十二世纪两百七多年时间里商王朝八代十二王的历史档案：田猎，农事，天象，战争，收成，祭祀，疾病等。在发现的一万九百六十一片甲骨断片四千多个字中，只有三分之一能辨认出来，其余的三分之二还等着人去解读。读卜是远古读书人的主要工作，除了礼仪和音乐。

青铜器“书”记载的大多是国家社会法律交易等，可算是中国最早的史书。如西周中期的曶鼎，铭文上记了一次交易：一匹马加一束丝换五个奴隶。

石头书。公元二世纪以后石刻代替了甲骨金文的地位，成为中国的另一种形式的书本。如公元175年始刻八年后完成的《石经》是中国最早的石刻经典，为儒家经典立范本，以校传抄之误。有七经：《易经》《尚书》《诗经》《礼记》《春秋》《公羊传》《论语》，现余七千多字。魏石刻是继汉石刻之后又一本重要的石书，共三十五块碑，上刻儒家三经：《尚书》《春秋》和《左传》（部分），十四万七千字。

仅从时间与数量上看就可以为最的石刻是由慧思和尚（515—573）发起的河北房山石刻佛经。七千多块石碑上用金文刻了一百零五部佛经，四百二十万字，历时五个世纪（公元七世纪至十二世纪）。

石头书外还有玉片书。1965年在山西侯马晋国遗址出土的《侯马盟誓》是春秋后期晋国赵鞅与同宗的盟书。春秋盛行立盟。立盟时写的盟书，一式有两份，一份存入盟府，一份埋入地下或水底。陪葬盟书的还有牲畜。

还有竹简书。竹简在公元前十一世纪的商代也已经出现。把字写在竹条或木条上，用皮绳将之串起。竹简和木牍是中国最早的现代意义上的书。所谓现代意义指的是流传最广、使用最普遍，与今天的书在形式上最接近。

周朝的木竹书有四种：版、方、策、简。方、版是由木做成的书。简、策是竹做的书，这样的书本，中国从商代到公元五世纪初由纸代简，期间一共经历了一千六百多年。秦始皇是很问朝政的皇帝，他当时每天要看的竹简公文，相当于今天的一百多本大书的重量。方策是古代两种书本。《仪礼》中《聘礼》一章记载，“百名以上书于策，不及百名书于方”。《左传正义》记载，“凡为书字，一行可尽者书于简，数行可尽者书于方，方所不容者乃书于策。”根据杜预的《春秋左传》，大事书于策，小事书于简牍。中国字的直行书写，根源于竹简。

1930年发现的汉竹简《兵器簿》是中国现存最早的一部完整的书，属公元九三到九五年的军事文件。竹简主要用于刻经典，有三种尺寸，二尺四寸，一尺二寸或八寸。三种体例：简为单根，册为多根，篇为长篇著作。木牍用于公文，律令私函等。长二尺为命令，尺半为公文，半尺为通行证，一尺为信件。竹简的问题是太重。汉朝东方朔上书汉武帝，一个奏章用了三千根竹简，由两个人抬进宫。

与竹简、策几乎同时存在的另一种书，叫帛书。帛是素白丝织品，轻软宽阔，很适于文字书写。但成本昂贵，制作很不容易，只有非常珍贵的文字和作战地图才用。长沙马王堆汉墓中出土的古代图书中有中国最早的地图。成图年代在公元168年以前。图上的水流山脉标记得十分详细突出。比例尺在十七到十九万分之一。另一部古代著名帛书是抗战时期在长沙楚墓中发现的“楚绘书”。言“绘”，因为此书的文字四周画有神秘图像：以朱黑青白四色树木表示四季；以十二个神像表示十二个月，还有鸟兽。言“书”，因其文字。神像下记有神名、帝名（如炎帝，祝融帝俊等）、神职及其禁忌。共有一千零四个字。

帛书在公元前七世纪的春秋时期到公元三世纪的晋朝，千年时间里与简策并行为中国早期书本形式。帛书的形式是卷。说人肚子里有墨水，有文人气，我们今天还用一个词——“书卷气”。

除书的形式外，我们祖先按内容把书籍

分成经史子集四大类。这是中国沿用了近两千年的图书馆目录编制。至于手抄本在书铺卖，则是东汉在洛阳出现的。

姨夫说读书是学做人。读书明辨阴阳是非而后才可以做人。他的话不好懂。几乎是三十年之后，偶尔有缘读到《了凡四训》，恍然有悟：

> 何谓阴阳？凡为善而人知之，则为阳善。为善而人不知，则为阴德。阴德，天报之。阳善，享世名。名，亦福也。名者，造物所忌。世之享盛名而实不副者，多奇祸。人之无过咎而横被恶名者，子孙往往骤发。阴阳之际微矣哉。
>
> 何谓是非？鲁国之法，鲁人有赎人臣妾于诸侯，皆受金于府。子贡赎人而不受金，孔子闻而恶之曰："赐失之矣。夫圣人举事，可以移风易俗，而教导可施于百姓，非独适己之行也。今鲁国富者寡而贫者众，受金则为不廉，何以

相赎乎？自今以后，不复赎人于诸侯矣。”

春秋时代的鲁国是弱国，常受强国攻打，被虏去的国民很多。鲁国定下一个国法，本国人可以用金钱向他国诸侯赎回被虏去的人，还以自由。出金者可以向官府领取赏金。子贡也出金赎人，但拒受赏金。钱字由金字旁加两把战戟构成。其结构反映出古人对钱的看法。从通常的逻辑看，君子不受金，散钱财，如春秋时代的范蠡。他辅越王勾践卧薪尝胆，灭吴国复兴越国后，急流中隐退，到陶经商致富十九年，人称陶朱公，就是今人敬奉的财神爷。他三次财至千金而尽散钱财。古人也有“一家饱暖千家怨”的说法，因此，君子应远钱财。子贡的逻辑也是如此。

然而，孔子听说后不太高兴，认为子贡做错了。圣人做事，不仅仅只是为了自己行善爽快称心，首先要看所做之事能否起到移风易俗、改善民性的作用。子贡拒受赏金，好像受赏金是不善之举。那些顾及自己名声的人就不敢去领赏了。而鲁国弱而贫穷，富人少，穷人多，那些想出钱赎人的穷人和不富裕的人就都无力再去赎人了。子贡的做法看起来廉洁，其实是廉洁了自己的名声，却堵住了救人之道。因此，孔子很不乐意。了凡不论一时而论久远，而且以子路救人为例：

> 子路拯人于溺，其人谢以牛，子路受之。孔子喜曰，自今鲁国多拯人于溺矣。自俗眼观之，子贡不受金为优，子路之受牛为劣，孔子则取由而黜赐焉。乃知人之为善，不论现行而论流弊。不论一时而论久远。不论一身而论天下。现行虽善，而其流足以害人，则似善而实非善也。现行虽不善，而其流足以济人，则非善而实是也，然此就一节而论之耳，他如非义

之义，非礼之礼，非信之信，非慈之慈，皆当抉择。

比较起来，姨夫说的书香更让我着迷。尽管我当时不懂这书香究竟是什么。七岁上学，第一次从老师的手里接过书，我使劲闻闻，果然有纸和油墨的香气。这大概就是书香，我心想。后来的日子里，那些书角破旧的书让我闻到书香的滋味：温柔飘渺，似有似无，却留驻魂间不去。我爱上了它。

其实，真正的书香要数宋代刻印的书籍，史称宋板书。宋代的用墨香淡，纸色苍润，字迹刻得古雅有力，开卷便有一种特别的书香。

姨夫和小舅舅是最早让我闻到书香的人。对我的影响与生同在，然而他们也是我生命中唯一以相同的方式弃绝尘世的亲人。姨夫走时，留下一本新的日记本给他妻子，扉页上面写了一句话："要好好读毛主席的书。"这是姨夫唯一的遗言。而在他给我的所有墨水中，却从未曾有过毛主席的声音。对于离世，他没有留下别的任何痕迹。这是不是他的谦虚呢：把生命迁出人间，投入太虚？

姨夫走后大约一年，听楼上的孩子说，杭州有一个画家画过一张超现实主义的画，上面是一个小孩抱着一个大人，旁边两行诗：

> 西边出了个绿太阳，
> 我抱爸爸去买糖。

说那个画家在五七年因为这幅画被打成右派。

我想到了姨夫。很想告诉他，我喜欢绿太阳。可他已经去了另一个世界。书让我和远方在一起。

人是一本书。一本正在写而不知怎样写、一本非写不知的书。这本书，我真的能读懂它么？

| 第六章 |

与鬼神说话：写字

我写字是爷爷启的蒙。七岁那年报名提前上学，没有得到同意，我哭回家。爷爷递我一本字帖，我开始随他写毛笔字。每天清晨起床，洗脸洗手，然后就是写字。“写字要敬神，鬼神是识字的。写不好就不受奉献了”，爷爷说。革命时代鬼神早跑到天外去了。各家不设供台，也没有明堂，哪里上奉献呢？“你的字就是供果”，爷爷把着我的手提笔教我点划轻重。“笔”在甲骨文中是“聿”，手执笔之象。甲骨竹简玉片用刀，笔的竹字头为帛书用笔定性。我用的就是两千人前古人帛书用的那种竹管毛笔。

文字从远古开始，是中国古人与天地鬼神对话、倾听它们指示的通道。占卜、祭祀，古人相信逝去的祖先是天地鬼神与活着的后代之间的媒介，他们向活着的人们传递那边的信息。而传递的工具就是文字，如甲骨文。活着的人们通过祭祀占卜，用文字昭告天地鬼神，贞问、企求，如“卜旬”，每一旬的最后一天预卜下一旬的行事可否。

甲骨文粗重细弱不规则，字的结构让我着迷。如“众”字，是一个太阳下面三个弯腰承重的劳动者。“众”受不了承重的劳动逃跑了，甲骨文上记载的是“丧众”。“丧”字由人和树木组成，表示人跑入森林去了。入森林深山，古人用印章作护身符，就是因为这文字的媒介作用。晋朝葛洪（250—330?）

在《抱朴子》内篇中写道：

古之人入山者，皆佩黄神越章之印，其广四寸，其字一百二十。以封泥著所住之四方各百步，则虎狼不敢近其内也。行见新虎迹，以顺印印之，虎即去；以逆印印之，虎即还。带此印以行山林，亦不畏虎狼也。不但只辟虎狼，若有山川社庙血食恶神，能作福祸者，以印封泥断其道路，则不复能神矣。

文字也用于和人对话，外交治国时声音就关系重大了。《周礼·大行人》中记载古代君王调音协辞的国事：

邦畿方千里。其外方五百里，谓之侯服。岁一见，其贡嫔物。又其外方五百里，谓之男服。三岁一见，其贡器物。又其方五百里，谓之采服。四岁一见，其贡服物。又其外方五百里，谓之卫服。五岁一见。九州之外，谓之蕃国。卅一见，各以其所贵宾为挚。

之所以抚邦国诸侯者，岁遍存。三岁，遍视。五岁，遍省。七岁，属象胥。谕言语，协辞命。九岁，属瞽史。谕书名，听声音。

瞽者，古代乐官。古人对声音之纯很重视，而瞽史被认为是最能纯正声音的人。

青铜器上铭文始于公元前十三世纪的商代，盛于周朝。一万多件载有文字的出土青铜器里，四千余件是周代的。此种文字称为金文字体。金文字没有甲骨文多。周代以上的金文有三千多个，其中一千八百多字已经被辨识。秦汉金文一千余字，其中一千字已经被辨识。

我习字可没有占卜的任务。爷爷的意思好像也没有要我学会与识字的鬼神说话的意思。也没有入深山驱虎用印章的必要。我跳过了甲骨金文石经玉简，直接到唐代，学柳公权的字体。

中国最早的纸是丝棉纸。把蚕茧煮后漂洗打烂成丝棉，放在竹席上，取下丝棉，留在竹席上的一层丝纤维，晾干，剥下就是。汉宫廷里的宦官蔡伦改进了造纸术，公元105年报告汉和帝。这一年成为中国四大发明中造纸的标志。

我练字用黄黄的毛边纸，仔细看，制法很像丝棉纸。不同的是黄边纸的原料是稻草。它吸水好，对笔墨把握尚不均衡的生手，它很宽厚：不在乎，能藏拙。帛纸就是在今天也比普通纸贵得多。爷爷把我写了字的毛边纸反过面来看，说纸背才能看到写字的力和柔润。

纸是中国的四大发明之一。公元三世纪

传到中亚，四五世纪传至朝鲜、日本，十二世纪传到欧洲。

爸爸规定，我在六十岁以前不准写行书，说是练骨气。而颜柳的正楷骨气很足。为什么六十岁以后可以改，我没问过。

爷爷年轻时在上海震旦小学教书，每月十三块大洋。那时的生活水平，三块大洋就可以养家了。余下的钱没用，和很多人一样，买田作了不动产。要不是这多余的大洋，1949 年解放后也不致于被封为地主，这使我在中学时代很是为难。

这是一个大教训。人是光屁股来到世上的，千万不能搞得自身动弹不得。二次大战，巴黎的犹太人之所以几乎覆没在纳粹集中营里，很大的原因是不动产的捆绑，很让人犹疑，失去远走的勇气。我有一位犹太朋友。她父母的全家都死在集中营。只剩下这两个年轻人，出集中营后结了婚，生出我的朋友。她的父亲一辈子没有再提集中营。母亲在晚年才开口告诉女儿：三十年代纳粹在德国对犹太人施暴，逃到巴黎的犹太人向巴黎的犹太人控诉纳粹，巴黎的犹太人听了大多摇头。不是表示愤怒，而是摇头不信，认为这些逃来的同胞夸张了事实。情形应该没有这么糟。不可能这么糟。结果，不信的人没有逃脱，死在集中营。母亲告诉女儿：人就是这样永远只会不顾一切地往好处想。没有勇气想象最坏的情景。

在巴黎多年了，我始终不动买房的念头，也是在吸取爷爷的不动产教训。何苦自己给自己脚上绑上千斤重的负担呢。人应该享受自由，更应该会自由，说走拔脚就可以走。人问我，拔脚上哪儿？不知道。拔脚是肯定的，不过在现今，在国度分明的时代，去处确实有点难。

爷爷到杭州来治病。治完了，还得回去。他的地主成份不容他在杭州城里呆。尽管乡下人都说他善，不管什么阶级。他是我这辈子唯一有过的书法老师。之后，就再也没有拜师了。记得爸爸带着我和我写的大字，去过两位老先生家。那是“文革”期间，他们都没课上，赋闲在家，一位是陆维钊先生，已经八十有余，白白的长胡子，不多话，非常和气。看了我的字，提笔圈点几处，便放我回来继续写。又带我到过严群先生家。在杭大教工宿舍，一个底层的套房。严先生爱说话，神气很昂扬，那时他已有七十多了。一位是陆维钊，一位是严群，严复的长孙。不过只有这两次。等我想拜师了，陆、严两位老先生已经去世。

我只写正楷，而不顾周围人可能的笑话，

并不是完全因为父亲的禁令。有两件事给我的印象太深。

上小学三年级的时候。冬天的一个晚上。居委会大妈和派出所所长召集我们开会。所长经常来我们这里，登记户口，或检查什么的。人极和气，笑眯眯地爱和我们这帮小猴子们开玩笑。我叫他叶叔叔。我们都在楼下集合。往四周看，只有我们这个宿舍楼的小孩，没有一个大人，除了居委会的大妈和叶叔叔外。我见到他，和往常一样，上前笑嘻嘻地叫“叶叔叔”。他瞥了我一眼，一脸冰冷。和往常的叶叔叔完全两个人。这很使我吃惊。会上叶叔叔宣布：我们楼道发现反动标语，有人在毛主席万岁上面打了叉。笔迹歪扭稚嫩，所以先从小孩查起。清查开始，一通启发，意思不外乎坦白从宽、及时回头、重新做人，等等。

我们这帮猴群平时最会闹。这时却个个低着头，沉默。我也低头琢磨：谁会不喜欢毛主席呢？不过他离我太遥远，我没有什么感觉。楼前小孩把毛主席像章别在胸前的皮肉里，我也试过，实在太疼，便放弃了。我最多也就发动猴群向造反派的家长嚷嚷过和造反派相反的口号，不过也就是保卫保卫什么的而已。这和毛主席万岁没有任何关系。父亲靠边站，我这个小孩王于是就有了保皇的倾向性。

会上没有人发言，沉默许久，叶叔叔让我们回去深思。他瞥了我一眼，还是那种冰冷的眼光，而里面却似乎看到他的怀疑。我脸红了。脸一红，我心里直发慌，拼命对自己说，不许脸红，不是你干的。可越不想脸红，脸越烫。

第二天，吃完晚饭，又开会。原来的房

间，原来人物，原来的话语，原来的沉默。我照样脸红。

第三天，也是如此。

第四天，我们全家围着煤炉吃晚饭。南方的冬天，没有暖气。全家围坐“全家福”吃饭，煤炉里的火焰和全家福的嘟嘟声真是又驱寒又开胃。正吃着，妈妈问：“你没写过吧？”我摇摇头，脸刷地又一次红了。幸好我靠炉子近，脸红也是炉子烤的。“对面的孩子每天都被留下”，弟弟说。

如此开会，不知过了多久。忽然有一天，大妈来通知晚上不用开会了。我们个个心中诧异，反而很不习惯没有让坦白的会议了。没过几天，我的猴儿们打听到一个消息，说这个反标是原来住二楼的小小画上去的。他姐姐上学一年级，刚学会写毛主席万岁一句，回来就兴致勃勃地写在墙上，给弟弟看。弟弟一看，连声说不好，上去在这几个字上打了几个叉。他爷爷是将军，半年前全家搬到军营去住，所以小小和他姐姐没有到会。他妈妈偶然在医院听说，回家调查，得出这个结论。于是，我们都被解放了，小小一家不是老红军就是红军的后代，此事也就再也没提。

我却从此落下脸红的毛病。上北大时，每星期三，系里孙琨荣主任在全系大会上批评头天半夜才归爬窗户进屋的有情者，我也跟着脸红，尽管我没有爬窗户。三十五楼是女生宿舍，每晚十点五十五分准备，十一点准时上锁关门，免得男生进，女生出。十一点全楼同时熄灯。这关门与熄灯的特权，也就我们女生楼享受。男生楼很是散漫，又不关门，又不熄灯，真让我们羡慕。奇怪的是，羡慕归羡慕，我们好像从来没有提过抗议。我们的门房是一位六十左右的女师傅，会说很流利的英语，尽管句句都有语法错。据她回忆，她在美国鬼子还在北大的时候就看门了，所以练就这么一口英语。

另一件事，是上中学头一年发生的。

上初中，中学的名字叫“前进”。我周围的人都叫它“钱江”，说是它的本名，它原来是民族资本家办的中学。“文革”开始用新名“前进”。我的同座叫燕儿。我常去燕儿家玩。她家离学校不远，从红卫医院往前直走五分钟就到了。燕儿家是新房区，一栋栋四层水泥新楼很让周围的民房居民羡慕。她家在其中一个楼的顶层。走廊是开放式的，一边是各户人家的门洞，一边是半堵墙，墙上没有窗户，一开门，直接面对天空，一种现代化天井。

燕儿的妈妈不上班，总在家。听学工劳动的师傅说，她原来也在织布厂，是南下干部。人极好，识字不多。“文革”初起，她也写大字报。因为毛笔字没有功力，毛主席三个字写歪了，当了反革命。她想不通，精神出了问题，就不再去工厂了。

我和她，话多。我学校的事，她老家的事，我们随便聊。她很会疼孩子，问寒问暖，问饱问饥的，就怕我们受委屈。只有一点，她很让我为难。我们正玩得高兴的时候，她会问：“你们成小姐妹，好不好？”

小姐妹？这不是自寻烦恼么？好好一个人，系上个绊？

我最怕结盟。这种意识不知从什么时候开始有的。小学的时候，不愿意结伴上学，一人去多自在。今天结伴了，明天要不结了，就是不正常。还得费口舌解释。

我笑笑，不说话。天井外边的太阳很足，亮得让人闭眼。阳光反衬在她家的白墙红窗框上。

燕儿偷偷告诉我，三年自然灾害时，她外婆那个村子有人饿死，她外婆家靠着燕儿妈妈捎去的粮食活了下来。饿死人？这是我第一次听说。很吃惊。那不是旧社会的事么。因为燕儿说话的神秘劲，我没有对别人重复这事。本来也不喜重述，尽管爱说话。

那天下午，我们正在上课。有人来找燕儿，说她妈妈跳下了三楼。我和燕儿一起跑去浙二医院急诊室。见她妈妈躺在走廊地上的担架上。她没有权利进急诊室，因为属于自杀类。听到我们叫，她睁开眼："你们做小姐妹吧。"我见她很平静，没有受伤的模糊样，就放心了。没有回答她的话。

第二天，我去学校，燕儿没有来。放学后去她家，她眼睛红肿，手臂上挂着黑袖章。她妈妈永远走了。

我常常在想，燕儿的妈妈要是我们的邻居就好了。我爷爷给她启个蒙，像我那样只写正楷，怎么还会有那个歪字而引出的故事？

| 第七章 |

小男孩

搬家也意味着换学校。很快，我从素仪巷小学换到离家更近的刀茅巷小学。夏天的炎热也带来铺天盖地的游行和锣鼓、高帽、标语。学校停课闹革命。我们二年级还够不上当红卫兵的年龄，红小兵那时还没发明出来，于是我们这几个班的同学只能听革命、看革命了。

那天早晨，我穿上外婆寄来的手缝斜襟花布小褂去上学。被路上的孩子们骂了一顿。革命的时代通行穿军服，花衣已经没有革命精神了，还是大襟的传统式样，能不遭白眼？

进新学校，要经过一排瓦顶木屋，然后往左拐，就是学校大门前一段宽敞的水泥路。木屋中间一家，家门总是开着的。堂前挂着毛主席像，开国时拍的那张，微笑着。像下八仙桌前的泥地上，跪着一个男孩。年级和我差不多。他一个人跪着。一动不动，后脑勺突出，是一个犟种。根据外婆的理论。

这是我每天都能看到的场景。下学回来，他也跪在那里。渐渐地，他成了我每天上下学时的一个遥远的陪伴。一幅很奇怪的画。有几次，他不是一个人。一个男的大人，应该是他爸爸吧，用膝盖在顶男孩的膝盖内侧，迫使他跪下，一边喊："你向毛主席请罪！"

男孩始终不说话，被顶得跪在地上，两只手放在身后，但从后面看，没有低头。

我始终没有见到他的正面，不知道他的

长相，也不知他的名字。不知道他是不是跪得很疼，他爸爸顶他的时候，他流泪了么？他怎么不去上学呢？他父亲在家给他开蒙么？

古时人开蒙很早。“人生十年曰幼学，二十曰弱冠。”(《礼记》曲礼)“男子二十而冠，冠而列丈夫。”(《春秋谷梁传》) 童子是行冠礼以前的孩子。人成童在十五岁，而幼童在十五岁以下。那时“八岁入小学，学六甲五方书计之事，始知室家长幼之节。十五入大学，学先圣礼乐，而知朝廷君臣之礼。”(《汉书》食货志) 所重视的是蒙养之学：“蒙以养正，圣功也。”(《易经》蒙) 启蒙，养正，入圣。

古时候的学校是教“敬”的地方。《礼记》开篇就是：“曲礼曰无不敬”。古人教学，教礼教乐，学射、御、数、书，目的就是教孝教敬。无敬，纵有倾国之才也只是薄情之人，有敬，才能才有情厚的支持，有生命。任何事都讲究根本二字。做学问的大根本是境界和历史感，做人的大根本是敬。丢弃根本，天下无敬，人就受苦吧，而且苦海无边。任何体制，无论独裁还是民主，都是枝条，显现而已，不是根本，对于教育人拯救人，毫不起作用。毛主席看问题很准：天下第一重要的是人，是人的教育。记录中国远古时代的礼仪之书《礼记》第十六章论教育的《学记》集中阐述了古人对教育的看法：

发虑宪，求善良，足以谀（xiǎo）闻，不足以动众。就贤体远，足以动众，未足以化民。君子如欲化民成俗，其必由学乎。

玉不琢，不成器；人不学，不知道。是故古之王者，建国君民，教学为先。兑命曰：念终始典与学。其此之谓乎？

虽有佳肴，弗食，不知其旨也；虽有至道，弗学，不知其善也。是故学然后知不足，教然后知困。知不足，然后能自反也；知困，然后能自强也。故曰，教学相长也。《兑命》曰，学学半，其此之谓乎？

比年入学，中年考校，一年视离经辨志，三年视敬业乐群，五年视博习亲师，七年视论学取友，谓之小成。九年知类通达，强立而不反，谓之大成。夫然后足以化民易俗，近者说服，而达者怀之，此大学之道也。记曰：蛾子时术之，其此之谓乎？

师严而道尊。然后民知敬学。是故君子之所不臣于其臣者二，当其为尸，则弗臣也；当其为师，则弗臣也。大学之礼，虽昭于天子，无北面，所以尊师也。

革命年代，重要的是思想而非肚子。没有佳肴没有时间去品其旨。师道尊严完全被扫地出门，哪里还有敬？革命，把人的教育放在“不敬师道”上。我那时在儿童那个阶段，上学看到的经常是惊心动魄的场面。

回家脱去花衣服。外婆来信问喜欢不喜欢。我没有告诉外婆，只穿了一次，就被判垫箱底。

多少年之后，到了能穿传统的斜襟衣服的时代，但外婆的眼睛已经失明。我身边留藏着外婆在知道即将完全失明的前夕，赶做出来的几双婴儿鞋，有单的，有冬天穿的，说要趁还看得见，给我的孩子做几双。那时我在上大学，恋爱都是偷偷的。没有结婚，没指标要孩子。

那天老师来了，又走了，家里和以前一样平静。妈妈上班，爸爸睡午觉。午觉是他的鸦片，他说，别的毛病没有，只是每天想抽这鸦片，只几分钟。我见他没有生气的样子，就缠他讲故事。爸爸躺在木床上，我蹲在他头顶那一侧的床架前，床是医院借来的，和家里的所有家具一样。床架用小木条做成栅栏的式样，我透过栅栏之间的小缝，等着。爸爸说，好，讲曹操八十三万大军打东吴的故事。

——当年曹操亲自率领八十三万大军，自中原下江南，来攻东吴孙权。经过一个独木小桥，大军下马，过一个。

爸爸停住了。

——然后呢？

——又过一个。

——然后呢？

——又过一个。

——然后呢？

——你等着吧，等八十三万大军过完。

我数着，到了三百，停住了。这么数到明天也不会完。爸爸抽他的鸦片——睡皇家午觉去了。

我等着的数落始终没有来，老师的家访，就像非洲国家总统对我们的充满友谊的礼节性访问。真诚友好热烈，之后一切照常。

心中无老虎，那个爱说话的猴子还是照样说。其实，我不是讲话，是讲故事，看到的听到的故事。比如，医院木工组漆师傅的儿子，他十八岁就在医院帮忙。一次，大夏天，他在钱塘江给医院的货物押船，天太热，他到江边的江水里凉快一下，却再也没有出来。出事后，妈妈总重复一句话："就是一块石头，在手里捏十八年，也舍不得丢失。"

要不，是他懂事，想给家里减轻负担，怎么会有这样的事？邻居们谈了几天，就转了其他话题。妈妈那句话从此留在我的心里。见到在妈妈手术室工作的漆师傅的妻子阿菜，我很想说一句什么话。告诉她那块石头，舍不得就这么走了。

我常去她家，阿菜全家对我很好。大女儿比我大概大七八岁，家里所有的活都是她包。他家的饭，远没有食堂那么眼花缭乱，却很吸引我。一盘蚕豆，一盘青菜，还有每人半个咸鸭蛋。那半个咸鸭蛋的味道，我后来再没有找到过。阿菜的大女儿喜欢我去，下午的点心是她炒的硬蚕豆。我和她一起动手，在大铁锅里翻几下。大铁锅很大，够不着对边锅沿。然后我们分，每人一百颗。我数的和她数的永远不会一样，见我还固执地要数，她就会抓一把蚕豆，放到我这堆里了事。出事后，没有再去她家，妈妈说阿菜太难过了，不能再去打搅她。

见到阿菜，都是在妈妈的手术室里。我和她笑笑，除了笑，别的一定是零。她也没话，从来没有问我为什么不去她家了。眼神远远的。

就是一块石头在手里捏十八年，也舍不得丢失。我觉得她在这样跟我说话。是的，是的，我回答。

——要是有一种仪器，发波出去，能找到丢失的东西就好了。鼻涕阿二说。神情也严肃。他平时少有严肃的时候。

——就是一块石头，在手里捏十八年，也舍不得丢失。我说。

“金丝燕！”我忽然听到老师叫，赶紧站起来：“叫我回答什么问题？”同学们都笑，老师也笑了：“叫你不要说话。”我点点头，坐下。

就这样，直到一年级下半学期我的脖子才挂上红领巾。听说是刘少奇主席说话了：

新中国的孩子都是少先队员。我也成为“都是”里的一员。

“文革”初，学“十六条”，破四旧，周围的小孩不再戴红领巾了，我还是戴着，舍不得拿下来。红领巾已经在烈日的曝晒下褪色，上面还有不小心弄上去的墨水，我还是戴着。外婆托人从乡下带来绿格子的新衬衣，我还是戴着。反正那时学校已经停课闹革命，没人管我们。不过，我还是每天去一趟学校，看看校门开了没有，在家实在闲得慌了。一天，刚出弄堂，有人喊“这个刘少奇的子孙！”我回头，还是那个骂我阿飞的女孩子。“还敢戴红领巾？”她补上一句。我低头走，漠然。回家把它摘了下来。脖子又恢复了原先的样子，没有红色。这其实于我没有什么打击，只要学校还开着门，只要我还能去上学，怎么都行。

刘少奇这三个字，对于我，就是这样的记忆。

——你要老老实实！不许乱说乱动！冲进教室的高年级学生们叫着。

沈老师没有说话，抬头，看着我们。我忽然在原先对她的喜欢上多了一层感情。

革命学生们转身，在教室门的内侧和外侧贴上两张大大的大字报，热热闹闹地走了。门内那张，上面画一个女的，烫发，高跟鞋，写着狐狸精三个字。和街上王光美的画差不多。狐狸精我很熟悉，晚上乘凉，楼下的“鬼老太婆”高兴的时候，会给我们讲一段“孙悟空三打狐狸精”，“武大郎误娶狐狸精”什么的。不过狐狸精的样子，是在街上的画上认识的。

沈老师继续上课，我们比以前更安静了。她脖子上那个小圆包一动一动的，很规律。

下午，体育课。外面下雨，改做室内活动打乒乓球。两张桌子，班上五十多人排队。我钻回教室，看从阿姨哥哥那里换来的小说——苏联的《普通一兵》。书很厚，竖排本，又是繁体字，看起来费劲，简直是啃老牛肉。我正啃着，听见有人在我旁边说："你怎么还在这里？快去吧，书蠹头。"我抬头，是沈老师。我很观察到她的眼睛里是慈祥，没有生气。"书蠹头"是杭州话，看书不要命的意思，像啃书的虫子。我却觉得她这么叫我，很亲切。我对她的感情，又加了一层。

鼻涕阿二还悄悄告诉我一个秘密：沈老师抽烟。而且每天只抽一支，在早上，来学校以前。

——她一个人的时候抽。没男的。鼻涕阿二说。

鼻涕阿二学习一般，消息很灵通，而且比较准。比如，他说快没有课了，果然学校停课。他说我当红小兵会有点问题，后来果然是这样。当然也是他闹的，检举我看苏修的书，举手表决的票数就不够了。

转学，停课闹革命，复课闹革命，换老师，我上课讲话的毛病没有减轻。沈老师对我这个毛病好像不在乎，不来家访，也不叫我停口。所以，上课的时候上面热闹，下面我这里也热闹。我的故事会其实就两个听众：鼻涕阿二，坐前排；李家玲，与我同坐。李家玲也腼腆，爱听不说。鼻涕阿二问题多。

上四年级，第一次作文课，也是第一次写作文。要求是两节课写完，中间可以休息一刻钟。一节课四十五分钟。题目是《一件往事》。我的往事因为不停地往外掏给想听故事的同学或楼里的猴群，比现事要多一些，抓出一个，开始写。故事讲一年级的一件往事，确切地说，一个原来的男同学，他十分调皮，上课动弹不停，像猴子。他得的鸭蛋比其他数字多。鸭蛋就是零分。我们放学排队回家，有一段路是同的，所以常在一起前后走。他根据我的名字，找到谐音，把我叫成“近视眼”。近视眼是半残废，干什么都挨刷，除了下乡。这当然是后来几年明白的事。但当时，我已经不舒服了，听到他叫近视眼，就回他一句“老鸭蛋”，或者“咸鸭蛋”。有一天放学，排队回家，他又笑嘻嘻地叫“近视眼”。“老鸭蛋”，我还是那样回击。第二天，他没有来上学。第三天，也没有。一周过去了，仍然没有。

写到这里，我觉得有点难过。继续一句话“从那以后，我再也没有见到他”，就结束了往事。

第二天，课间休息。鼻涕阿二从走廊那头跑过来：

——金丝燕，近视眼。

他怎么知道这个讨厌的谐音？我看着他，没有反应。

——那老鸭蛋还是老鹅蛋后来回来没有？

——什么老鸭蛋老鹅蛋的，还有鼻涕阿二蛋呢。

他的好奇让我不舒服。平时他消息多，我爱听。可这次不一样。

——你的作文沈老师在其他班上读了。我刚才听说的。

上课了，沈老师走进教室，上算术。我从沈老师的眼神里，看到她对我在笑。

这一节课，我没有理鼻涕阿二的话头，非常专心地听沈老师说话。她脖子上的那个小圆包，一鼓一鼓地，带我进入沉默。我第一次知道沉默的美妙。

1972 年，我们年级结束了六年半的小学学习，分成两部分升入艮山中学和钱江中学。我和李家玲在钱江，鼻涕阿二不知去向，大概是被分到艮山中学，或者可能不再读书去工作了。小学毕业已经远离文盲的标准。

无论去钱江中学还是艮山中学，我们所有同学都要路过光芒路小学。原来的刀茅巷改成光芒路，我们的小学的名称也随之变化。之后，还路过沈老师在机床厂隔壁的家。

早上七点二十分早自习，七点四十五分上课。我和上学的人流往前走，快到机床厂大门时，迎面会碰上沈老师，她走相反的方向，去小学上课。远远看到她，老同学们便从路这边挪到路那边，头一低，过去。

剩下我一人留在路这头，我不怕。我迎着她走，到跟前轻轻叫一声“沈老师”。她点点头，我们擦身而过。几乎天天，我都能叫她一声。入初中以后，我变得非常沉默，没有多话，更不用说上课闲话了。沈老师从我们小学三年级到毕业，一直是我们的班主任。她忍受了这么长时间我的不沉默，而当我知道沉默的时候，却再也不能上她的课了。

沈老师从我的叫声中能知道我的后悔吗？不知从什么时候起，可能在初中三年级，我上学，路上没有再见到沈老师。从她家深深的门洞前走过，我还叫一声“沈老师”，当然没有出声，除了我，没有任何人听见。

暑假的一天下午，我在西泠印社的亭子里玩。西泠印社在孤山一侧，大门是圆的，像扇子上的画。白墙黑瓦圆门，很清很素。

杭州人的素食习惯，与建筑的颜色有点联系。试想，若换成红墙琉璃瓦屋顶，那胃口能素得了么？上面直行刻着一行字，红色的油漆已经褪去，字迹还能隐约看出：爱惜公物。

何谓爱惜物命？凡人之所以为人者，惟此恻隐之心而已。求仁者求此，积德者积此。周礼，“孟春之月，牺牲毋用牝”孟子谓君子远庖厨，所以全吾恻隐之心也。故前辈有四不食之戒，谓闻杀不食，见杀不食，自养者不食，专为我杀者不食。学者未能断肉，且当从此戒之。（《了凡四训》）

我很喜欢那里的素净。忽然听到：

——金丝燕，近视眼。

好久没有人这么叫我了。

抬头，是那个失踪了的老鸭蛋。他没有什么变化，还是那么瘦，个子长得很高。我笑笑，没有用老鸭蛋回击。想继续写那篇作文，告诉鼻涕阿二和沈老师，我又见到老鸭蛋了。

这天早晨去上学，走近那个木屋，屋门敞开着，毛主席微笑着，却没有了那个跪着的小男孩。我心里吃惊，睁大眼睛在屋里屋外找寻，没有。放学回家，毛主席依然微笑不语，八仙桌前却依然是空空的泥地，没有男孩。他已经是我每天的习惯了，尽管这个习惯不使我欢乐。但是，这个空着的堂前使我更不欢乐，很不习惯。

他不见了。

很多年过去了，我从小学上到了大学，从杭州上到北京，从北京上到巴黎。这个世界要么太大，要么太小，没有正好的时候。

我没有再见到他们，无论是鼻涕阿二，沈老师，还是老鸭蛋，还有，那个跪着的小男孩。今天，在热闹而沉寂的巴黎，更觉得他们的存在不仅仅是我记忆的一部分。

| 第八章 |

晒腹中书

清早，天气好。太阳早早出来了，穿过南边的窗户落在躺在藤椅上的父亲身上。

爸爸对我和小瓯有规定，黎明即起，张口读书，“读《毛选》也行”，这是他常做的让步。当小学校长的爷爷可能没让他睡过懒觉。日落而息，上床，不管你睡得着睡不着。农民气，很多年后，我对这早睡还心怀余悸。最怕的就是还没困，就得上床睡觉。在北大上学时，三十五楼和其他女生宿舍楼一样，每天晚上十点四十五熄灯，十一点大门里面上锁。里外禁止进出。里面反正有水房、厕所和床，什么也不缺。外面回来晚了的同学是进不来的，除非她们有内线，爬窗户进。走廊里有两个边门，全上了锁，二楼以上的楼梯有窗户，但没人能爬这么高，我们都是凡人，没有电影里功夫师傅那两下子。男生宿舍不上锁，只是同时熄灯。据说，熄灯是为了让我们别往死里用功，影响同宿舍的人睡觉。这有道理。我们女生是六个人一个宿舍，只要有一个人有点出声的毛病，睡觉轻的就苦了。十一点上锁，听说是为了规矩女生的感情生活，男生不能夜入女生宿舍，女生不能迟暮夜归，风雪夜归人是不允许的。

爸爸在农村长到十岁，由他姐姐领着，每月翻越三十里山路，去县城里住读。虽然在地主家，可太阳还是一样落。早睡的习惯跟着太阳养成了。

——你怎么不读书呢，爸爸？小瓯问。

——天气好，我晒晒腹中书。父亲回答。

——你肚子里有书？怎么进去的？小瓯不懂。

父亲笑了，没说话。晒腹中书是个典故，刘义庆《世说新语·排调第二十五》中记载：

郝隆七月七日出日中仰卧，人问其故。答曰："我晒书。"

郝隆是晋朝人。当时有七月七日晒衣去湿去霉气的习俗。他也要晒晒腹中的书。后有"袒腹晒书"、"曝腹中书"这样的成语。孔子说，益友有三，一是畏友，耿直坦诚，肯直面批评，二是谅友，诚实可信，三是博学之友，满腹经书。这郝隆应该是第三类朋友。可是如何晒腹中经书，我们当时听了并不明白。

书和人生相似。或长寿，或短命，或夭折、老病而殁，或无疾而终，或飞黄腾达而中道崩卒，或遭天灾人祸，或逍遥清净，或隐居消匿而不知所向。隋朝的牛弘说书有五厄。公元前213年秦始皇焚书，“先王坟典，扫地皆尽”，只有医药卜筮种树之书幸存。此为一厄。汉“改秦之弊，敦尚儒术，建藏书之荚，置校书之官”（《牛弘传》），求遗书于天下，二百年间国家与民间致力于此，校典藏籍为一时之盛。然王莽之末，宫室图书毁于兵火。此为二厄。东汉光武帝好书，遍访儒雅，四方学士怀携图书云集京师。汉末西京大乱，书又遭烧掠，“董卓移都之际，吏民扰乱，自辟雍、东观、兰台、石室、宣明、鸿都诸藏，典策文章，竞其剖散”。此为书之三厄。魏晋集古文旧典，著新章后录，然西晋末战乱，“朝章阕典，从而失堕”。书遭四厄。南北朝末期萧绎避战乱，将所集书史、公私典籍七万余卷尽悉烧毁。书再遭一厄。

明朝胡元瑞在所著《少室山房笔丛》中论中国图书由于战火和政治原因所遭的十厄：

> 牛弘所论五厄，皆六代前事。隋开皇之盛极矣，未几悉尽于安史。肃代二宗，荐加纠集，黄巢之乱，复致荡然。宋世图书，一盛于庆历，再盛于宣和，而女真之祸成矣。三盛于淳熙，四盛于嘉定，而蒙古之师至矣。然则书自六朝之后，复有五厄：大业一也，天宝二也，广明三也，靖康四也，绍定五也。

人有悲欢离合，书有聚散兴毁。聚散无论原由，皆令人扼腕。隋炀帝末年（公元600年）“发使四出，搜天下书籍，与谶纬相涉者，皆焚之”（《隋书》）。毁纬书波及其余，汉代重要经典石经大多散失，被人取走做建屋石料。秦始皇与隋炀帝的禁书与焚书为中国书史之最。

书还有一厄，就是水火和虫蛀。其程度不下于兵火和政治性焚烧。尤其火神，其肆虐的程度对书的危害最大。因此古人对藏书楼的建造非常讲究，不仅在建筑的材料上，而且在命名和建构与数字的结合上，如古代的石仓藏书。防虫蛀的主要手段，就是“曝书”，伏天日中曝晒。

郝隆的晒腹中书没有防虫蛀的意思。倒有点宣扬腹中墨水不少之意。

我们早上醒来，第一件事是睁开眼睛，第二件事，就是读书。不是看书，也不是做功课。就是张开嘴大声地读，读到会背才算开始。

——“背得像呼吸一样，你肚子里就有墨水了”，父亲说。

——“这肚子里是装米饭，红烧肉，青菜豆腐的，能装墨水么？用嘴喝进去？”小瓯问。

——“就是喝进去。用嘴，还要用耳朵，喝多了，你自然懂了。”父亲说。

墨水不香不甜的，不引起食欲。我们不会往嘴里灌，父亲一定不担心。

春天五月，是江南的梅雨季节。绵绵细雨经月不断，太阳偶尔露一下脸就躲进云层里去了。细如针尖的雨线从天上遥远地未知地悬挂下来，在空中、屋舍、田野、西湖和四周的山峦形成雨雾，挥之不去，笼罩着你，裹着你，一切都变得朦胧起来。没有高速公路，很少汽车的路面上、树上、草尖上，晶莹的雨露一颗一颗，串成雨珠、雨水，滋润着大地含章，也透过你的皮肤渗入心底。这针雨，它们每一条单独的存在都不会给任何生物哪怕是蚂蚁带来一丝感觉。然而，当它们汇聚在一起，寂寂地，几乎没有声音，随风潜入体内，细细滋润快被生活和文化烤熟了、被欲望烤干涸了的心。梅雨以它的温柔和坚韧，悄悄成为这个世界的主人，使我们这自以为是的人间变得柔顺起来。那是一种怎样的力量呵。

梅雨季节一到，我们的晨练也开始了。每天清晨五点，父亲叫醒我。我们骑车去西湖。从家中出发，去西湖，绕一圈，走岳坟、六吊桥、西山公园，经静寺和柳浪闻莺回来，正好两个小时。学校七点四十五上课，我勉强还能赶上。迟到的时候多。有一个学期我迟到了四十一次。朱雪贞老师不得不在全班点了我的名。但我没有别的选择。学校是我学读的地方，它使我忘记窗外。而父亲是给我生命育我生命的老人。他病了，要我陪他晨练，弟弟们太小，这么远的路程，他们骑不动。父亲最喜欢的晨练，是骑车在雨中走西湖。一路上，骑着车，父亲教我晨读。那时候人们都革命去了，西湖只有我们的人影和声音，不怕别人听到我们读诵古文。我第一次感到，革命与大自然是互相离得很远的两种存在。它们可以同处一处，却几乎老死不相往来。闹革命，一定到人多的地方，比如中国，西北西藏除外，比如巴黎，阿尔卑斯山那边就闹不起来。山和山，树和树，没有人，怎么闹革命。若要躲人，就得到大自然里去。寻仙药的道家们真有天眼，很早明白了这个道理。

陶渊明是我在那时认识的。父亲骑着车，沿着湖畔："归去来兮，田园将芜胡不归。既自以心为刑役，奚独帐而自悲。悟以往之不检，觉来者之可追，识迷途其未远，觉今是而昨非。”我跟在后面，听读。父亲教我们读书，从不讲解，跟着念背就是。问他，他说以后你们就懂了，现在就是背。

我们骑车从桥上往下冲。苏堤的六座桥很高，要想冲上去，得一公里前就加速。到桥的最高处正好力气也用得差不多了，下桥速度极快，不费吹灰之力，把住车把，不至于摔就行。父亲大叫：“舟摇摇以轻扬，风飘飘而吹衣。”好像我们不是在骑车，是在三峡划船。真是开心。南方人把高兴叫做开心。细细琢磨起来，其实开心更准确。高兴不一定心开。兴致高，劲头大，往往也是欲望欲求起来之时。欲和愿不同，欲望引起热望，人就在欲望和热望的波浪里翻腾，受波浪的指使。在欲火中起落，在欲火中生灭。而开心，一定是在心开之时。心开了，一切以往的障碍都不再是障碍，身心变得柔软起来，容易受感动，欣赏的心情多于批评的心情，久而久之，眉眼也开了。杭州人说人好看，就说这人“眉眼长得茂开咧”。漂亮，好看，是后来普通话占了统治地位以后的事。

父亲喜欢背《归去来辞》，说背还不确切，他是在半唱半诵，带着拖腔，一点乡音，摇头晃脑，那里头的意思只有他自己懂。这种唱法到他那一代还有，之后就在我家失传了。我和弟弟谁也不敢学这个腔调，怪怪的，一点没有革命时代的斩钉截铁。父亲只在没有外人的时候才敢过过这唱诵的瘾。尤其是“归去来兮，田园将芜胡不归”……

我也想我的田园了。那时一年有一半的时间在乡下学农、上工厂学工和请军人来教我们学军。我的手不灵，在机器轰鸣中拉丝纺线，手忙脚乱。学军时操练，按个子排队，谁高谁在前面，我排第一个。拿刺刀“准备要枪”的口令，第一个必须出队执行表演给大家看的就是我。我怎么也做不好刺刀往前刺的动作，在众目睽睽之下，解放军耐心地一遍遍纠正我的动作。我越紧张，动作越离谱。所以，我最怕的就是学工和学军。只有在乡下学农，我的高个子和笨拙的双手才不再是麻烦。农村不仅是我童年的回忆，也是自在。

上高中的那两年，每年春秋下乡，接受贫下中农的再教育。我们去的是杭州郊区的青山公社青山大队，离杭城是一夜的步行距离，学农结束拉练返杭时，我们走过。青山大队真如其名，三面环山，余下的是稻田。黄绿相映，蓝天白云，没有功课，结束时只要写一篇劳动总结即可。我们住谷仓，前面一条大溪，洗漱，炊饮用水，全在里面。溪水很大，人站在水里不太稳。我们每日下水三次，既洗了头面，又顺带洗脚。白天下田两次，插秧割稻，或拔芋头。晚上我另有任务，给队里的夜校上课。学生们在一个教室，按中文程度分三个年级，左中右三排课桌，三班同时上。刚开课那个晚上，我站在黑板前，发现三排学生原来老少不一，有小的，七八岁，有年纪不小的，五六十岁。后面站满了脸带笑容的村民，每课必来观我们的“戏”。我要上三种课，中文、数学和英语。

似乎英文最让后面的观众开心了。我一开口，他们就轰然大笑。我的英语是在上海广播电台英语课上学的，经过一年的美国之音《英语九百句》的偷偷训练。说偷偷，是因为当时不能明听，那是禁止的事。只能关上门窗，把收音机的音量放得最小听。麻烦的是美国之音把《英语九百句》放在晚上九点播。晚上九点，在那时已经夜深人静，人都睡了。音量就是再小，仍然震得我心一颤一颤的。我之所以要听，之所以坚持了一年，倒没有向往自由的意思，我那时还不大，没有这个心思。就是大了，也未必会有这心思。我一直在自在中活着，自在就够了。听，只是喜欢，喜欢广播前的那段音乐，柔和得像外婆家“鹅头”放的鹅身上的毛。还有就是对话里的幽默。

说不上什么原因，后来没有再听下去。这样训练出来的英语，不至于是鸭叫吧。可是，观众的大笑始终伴随着夜校的课。我领学生念，后面的观众加注：

——Good evening!

——搞得你不宁！

——Sit douwn，please!

——洗塘里！

——Listen，please!

——力生，在叫你呢。

碰到这种听课的积极性，我就转移一下注意力，让学生中译英，可是情况有时也不一定会改善：

——茶壶，英语怎么说？

学生你看我，我看你，没有回答。他们白天在田里，还没有时间记单词。

——身粗头颈细——。

后面的观众群里有人回答，“细”字音拖的极长极轻。

——葡萄呢？

——剥了皮吐了核可吃！

很有节奏，听上去有俄文的味道。

观众又轰然大笑。我寻声看去，是一个十岁左右的孩子。这回，连我也没忍住，笑了。

我肚子里这点英语就这样在乡下教室里的灯光和农民学生的笑声里跑出来晒晒。农村农民夜校的情景，一直留在我的记忆里。是它们使我走上讲台，带着一种紧张与愉悦交杂的心情，再没有离开。人的一生，能承受生存的不可承受性，有时候，就是因为一个记忆，一个细节。

这些书本和生活的阅读慢慢在我的肚子里积累起来，是不是变成了墨水，不好说。因为连我自己都不知道。不过我愿意让它们跑出来晒晒太阳：在杭州十四中教语文，孩子们不听话的时候。那时只有以前的故事能让这些比我小四五岁的孩子们安静下来，那是我心情最好的时候——和孩子们一起晒晒腹中书。

| 第九章 |

屠龙术：教书

渐入腹中的书使我从一开始就和雄心与革命渐行渐远，而至于不同道。人年轻的时候，总是雄心勃勃。雄心，指具有男子一样的生命力和行动的愿望。可是书上的文字把我送到很遥远的地方，那里有硝烟，但你闻不到，而那里古人的话音和往昔雨露阳光迷住了我的灵魂，使我心远而地偏，听不到身边的革命烽火了。书使我走得最远，把往昔拉到最近，又使今天变得虚空，不那么重要了，明天与昨天之间的界限也时隐时消。心神远走，对现实也就没有很大的依恋，无论它怎样，你都不会有什么反应，既不会做革命派，也不会做反对派。也正是这无反应，保护我渡过革命的年代，没有引起周围人的注意。最多像我父亲那样给我一个评语：“书雾腾腾。”言心不在焉而已。

书，是海边的沙滩，落在上面的知识，随时随刻随波而去，消失在茫茫的大海之中；而它又是深潭，文字后面隐含着的面目时隐时现出现在水面上，它们离你那么近，伸手可及，然而又是那么远，一触即逝。1976 年夏天，中学毕业，我在杭十四中作代课老师，教语文。书从一开始就好像给我定了与文学的命。无论北大或巴黎教书还是写作，都没有再离开这条命运线。学校有十一位和我年纪相近的代课老师。我是最小的一个，那年我十九岁。当代课老师其实也有三四年时间了。做初二（3）班的班主任，并教两个班的语文。全年级有十八个班级，每个班是五十六人。九月一日开学，就有学生告诉我，他们被别的班同学欺负，说他们的班主任是“小阿姨”。我无言以对，是啊，学生们和我的年龄差距只有四五岁。

第二天上午，给初二（1）班上课。我走进教室，大吃一惊：讲台被翻倒在地，上面插了五六把竹丝扫把。全班鸦雀无声，五十六个人眼睛盯着我。长到这么大，上了无数次讲台，这样的场景还是第一次。怎么办？我飞快地想了一下，发火吧，不会。找始作俑者吧，谁能对我这个“小阿姨”说呢？还是不反应吧，也没有别的选择了。我问：谁是班长？

一个女孩红着脸站起来，一脸惊慌的样子。她一定以为要挨骂了。我和她笑笑，请她上台帮我把桌子倒过来。我开始上课。这一天，我没有按照教案上课，而是上我读过的法国阿尔封斯·都德的《最后一课》。我开始背：

这一天，我上学迟到了。

教室里始终很安静，从学生们眼里可以看出他们的惊讶。

铃声响了，我拿起书，走出了教室。之后不再提此事。这并不是说我没有受到震动。回家，晚上吃不下饭。父亲见了，说：

——他们肚子里有了墨水，就不会野了。

三年后，我已经在北大上三年级，收到一封信，署名龚加伟。他考上了武汉大学数学系。信中写到他是当初的始作俑者，本来要看看我这位小老师的反应，火究竟有多大。他们什么都准备好了，就是没料到我没有反应，之后也没有家访，无事一般。他们不知所措。

法国的都德怎么也不会料到，在二十世纪七十年代末遥远的中国一个中学里，他的作品给了一个十九岁的教师这样的帮助。我第一次感到，阅读不再是孤独的个人行为，它面对众生，唤醒内心深处的情感，使人变得单纯和博学。博学，在这里有三个词源上的意义：中国的有学有问，法语的“断去草根性、粗野气”和梵文里的“多闻”。

自那件事后，我很想让孩子们——我的“弟弟妹妹们”肚子里多一点墨水，也就是消去野性，变得多闻。可是当时的课本，政治性很强。大多是报纸文章、政论，如果说尚有一点文学，那就是毛主席的诗词。那是唯一可以大声念的文学作品。我借题发挥：平仄、音韵、对仗，拗救，“一三五不论”，古体诗，近体诗，律诗绝句，一股脑儿端了出来。我告诉孩子们，在中国，诗只有与音乐结合，才会有张有弛，虚实对立，留下空白。音乐是人神之间、天地之间交往的一种方式。它的意义在于完善人格、管理国家、保持世界秩序。音乐的来源很神奇，传说是黄帝想把音律固定下来，派他的大臣到远方，在山谷深处，大臣看见树上栖息着一对凤凰。凤和凰都各自哼了六个不同的音。大臣听到后，割开十二根竹管，回应凤和凰的音。大臣回到黄帝身边，呈上竹管和音阶，黄帝将之配上钟声。在汉代，学者十分重视音乐与其他体系的关联。《后汉书》的《律历志》专论声学、数、地理与历法在政治、礼仪与风俗上的关系。

但我隐去了一段，音乐召唤神灵的作用。据《周礼》所记，公元前十一世纪初周朝有专门演奏仙人或逝者的乐段。所有六种乐，都用五声来标记，用八音表现。这六种乐，一奏可以感动会飞的羽毛类动物以及河川沼泽的神灵；二奏可以感动不长毛的野兽，以及山岳林木的神灵；三奏可以感动有鳞鱼类以及丘陵的神灵；四奏可以感动长毛的禽兽以及沃野平原的神灵；五奏可以感动有壳的生物，以及土地之神；六奏可以感动龙凤麟龟四灵，以及天神。在古代的画中，可以看到断弦的琴，无弦的琴，乃至窗下或林间孤琴，而风是拨动琴弦的看不见的手。

那真是一次悲怆的文学课。悲怆，是因为无论说者还是听者，我们心里都清清楚楚地知道，中学毕业后的出路是去农村种地，开拖拉机。只有极少数幸运者能参军或留城当工人。博学、多闻、去草根性，对于年轻人都没有意义。我不过是在教孩子们屠龙术而已。庄子在《列御寇》里讲过这个故事，有一个朱姓男子向支离益学屠龙术，三年技成，而无所用其巧。我和孩子们讲诗律，永远没有使用其巧的时候。时代变了，丧失听觉，成为革命文学祭台上最需要的祭品。

我忘了这是在给初二的学生上课。连大学都已经不上的内容，被我搬到这里。我觉得自己面对的一颗颗成熟的灵魂，透着灵奇与惊讶。我讲着，忘记了规定的教案。

这些平时上课随时会蹿上书桌的小猴子们，此刻忽然变得温柔起来，安静地坐在桌子前，而不是在桌子上了。虽然，偶尔他们中间还会耍小猴，虽然我仍然会脸红——这脸红，在分离二十七年后第一次与当年的小猴子们在杭州再聚时，仍然是他们爱说的话题，但他们终于与我们的祖先握了手。

文言的教化作用，在越南也得到印证。1996 年 9 月，在喀麦隆一次国际公民社会的会议上，我正在给中国代表作翻译。主席台下有人举手，是一位圆头圆脑的亚洲人，约六十余岁。会议主席请他发问。他站起来，用越南法语说："金丝燕在作新闻检查。她把'党的十一届三中全会'译成了 1979 年，'新中国成立'译成了 1949 年。'"好家伙，他懂中文！全体听众大乐。我因此结识越南前农业科学院院长陶德全先生。陶先生五十年代在苏联学习，之后在中国南部边境接受训练，俄文中文尤其是中国文言的程度比较高。之后差不多年年和中国代表见面，或在法国、拉美、非洲，或在中国。他告诉我，越南共产党执政初期，取消了中学的古文课程。很快发现，年轻人的犯罪率增高。几年犹豫后，决定在中学重新设置中国文言课程，以降低年轻人的犯罪率。降低了多少，陶德全老人没有说。

我从未料到，书能给小猴子们这样的可能。以前读书，是自己沉浸自己，与外界远离。而现在讲书，才发现书把我和孩子们连在了一起。人之间的距离、疏远、陌生在阅读中悄悄消失，从那时候起，我喜欢上了教书。

约翰-弗朗索瓦·塞纳
(Jean-François Sené)

欧洲科学、艺术与文学学院成员，国际笔会会员，法国俱乐部会员。获法国教育勋章。对艺术与文化有十足的兴趣，渴望了解异国文化，喜爱旅游，曾经十多次游历中国。英国文学高级中学教师，退休后专注于写作及文学翻译。代表作有：短篇小说集《此处和彼处》，诗集《忧郁的激情》《陌生美女的坟墓》（巴黎墨迹出版社）。曾与法国几家诗歌刊物合作，发表批评文章和文学随笔，尤其是关于保尔·雷奥多（Paul Léautaud）、菲力浦·雅各岱（Philippe Jaccottet）和保尔·艾吕雅（Paul Éluard）的评论。他的部分诗歌作品被收入法国诗歌选集，并多次获奖。

远近丛书

主编：乐黛云 ［法］金丝燕　　执行主编：董晓萍

读

［法］约翰－弗朗索瓦·塞纳（Jean-François Sené） 著

赵宗红 译

中国大百科全书出版社

序

懂得阅读，几乎是一切

——阿兰《论幸福》

一本书很旧，封脊破损，页面发黄、书页被勾勾划划，带着许多手指印痕，在一代代人之间传递，从一人之手，转到另一人之手，有什么东西会比这样的书更美的呢？同样，我们是不是可以说，收获以后的耕地，被捆扎过枝干的很老的盆景，或者，运用别的比喻，船只从一个港口到另一个港口，艰难地航行，在靠岸时，从货仓运上奇特的货物，也因它们的经历更美了吧！

还有什么比这样的一本书更有魅力？第一次发现它，它的题目深沉吸引你，你抚摸它的封面，你悄悄把书放在你的鼻前，嗅着书香与墨水混合的味道。

都说书死了，阅读衰退了，我不想重复这样的抱怨，这种挽歌几乎和写作本身一样古老。在法国，每到文学作品发表的旺季，只要看看新出的小说在书店堆积，浏览这些书的介绍和新闻界的批评，就可以诧异人们还能谈论阅读被宣告终结。毫无疑问，全球读者远比五十年前要多得多，即使他们读的并不是小说与诗歌，即使文盲率在先进的国家也可悲地保持着高位，即使这些人更喜欢读所谓通俗作品、看完就忘的地摊文学也无关紧要，流行杂志、漫画，只要他们读的内容是词语和句子组成的，那就无关紧要。

* * *

想起我在中国的日子，上海最大的书店，福州路上的书城，孩子们在翻看连环画或者绘本，还有年轻的大学生，把头埋在书里，背靠在摆放科学或文学的书架上，这场景与我在巴黎或伦敦类似的地方看到的一样。他们沉浸在比现实世界更吸引人的虚拟世界，力求丰富自己的知识，他们就像在圣物和让人肃然起敬的东西面前静心冥想一样。这样的画面不是没有由来的，我们在读某些已逝作家的作品之前，往往对他们知之甚少，当我们读他们书时，我们也是在纪念这些著名的先贤。

此刻，在这个本来作为商业谈判的地方，我感觉就像置身于巴尔扎克开始文学生涯时的一个阅读室。这个房间非常昏暗，像在十九世纪的巴黎或外省，那时人们借书看，只花几个苏就可以读报纸或读那些非常平庸的作家按照预定模式写的流行小说。

这些中国年轻人读的是什么，我无所谓，也无从知晓，但我能猜测，在他们的宁静与投入中，我看出他们因发现了辽阔无边的天地而生的秘密的喜悦，这种发现，却就在这狭小空间里。我觉得跟他们特别近，因为我知道尽管有语言障碍，他们分享情感、梦想和强烈的好奇，与我完全一样。我夹着一本书走出这个书城，这本书是鲁迅短篇小说集的一个英译本。你们会问我，为什么要英文？可能是我想通过母语或中文以外的语言（中文我不懂），使讲述保有一份异国情调独特的个性。我没有因此失望，《狂人日记》或《阿Q正传》如同卡夫卡或陀斯妥耶夫斯基的作品一样，让我心情迷乱。

I

对书的崇拜承袭了口语传统。

——达尼埃尔·佩纳克《如同一部小说》

“很久以前……”（原文为英文）“从前……”或者“且听下回分解……”（原文为中文），你要竖起耳朵听下一段的解释，中国古代名著章节都是用这样的话来收尾的，以这样的方式，让我们想起所有写下来的叙述，它都来源于大声说出来的故事，而且为了激发听众的兴趣与好奇心，说故事的人会运用一些惯用语。勒内·埃梯昂伯勒，一个非常欣赏和了解中国文化与文学的大师，揭示“一百万年来人们生生死死，写作的历史只有六千年”。他其实还可以加上一句，很早以前语言就出现了，而且很早就被用于叙述故事，那么，我们所做的阅读，是非常近的事情，最早写下来的文章，都是为了读的。毫无疑问，可能是中国文学最古老的作品，编撰于公元前十一至前五世纪之间的《诗经》，是一本诗集，它的文学形式又那么适合于唱歌与口头表达。

在西欧，拉丁文字很早占据主导地位，拉丁文字是借助于专制武断的符号来记录语言的声音，阅读不简单仅仅是用眼睛去看，而且也是通过耳朵去听。

很长时间里，我一直睡得很晚。晚上，我父亲习惯到我的枕边，给我读拉·封丹的寓言，我听着，但不总能听懂。当我看到书配画，又惊讶又恐惧。比如《老鹰和蜗牛》里，插图的人把昆虫表现得跟可怜的兔子一样大，兔子是老鹰用爪子抓住的兔子，不成比例，这使我用怀疑的态度对苍蝇仔细观察了好一阵子，某些词的铿锵与奇特夹杂在我的喜悦与担心中，谁会去讲这个奇怪的语言，和我平时所讲的语言如此不同呢？我还不识字，因此，对父亲说的和我在这厚而难以理解的作品的页面上得到的东西，不能去怀疑它的真实性。但是语言的音乐性，读诗歌时的韵律的节奏，并不认识的字，都使我忘记了意思，我印象中听到的是神奇的惯用语。阅读在我身上起到了一种诱惑与陶醉的作用，这种体验是我以后仅在读别人作品时才体验到的。可能就是这个感受摇晃着让我入睡。我后来得知我的父亲在他年轻的时候因生病困在床上一年，他利用被迫的休息来阅读和获得知识。那么是不是因为怕我生病，或是怕我无聊，他才决定让我开始接触阅读的乐趣，以帮助我忘却苦难？

我的母亲十四岁时离开家乡布列塔尼省，来到巴黎做学徒，在那个时代，她受到的小学教育，把重点放在写字、阅读和计算方面，这些已足以配合她把全部注意力都放在对孩子的教育上。她很早就教我识字，她提前买了阅读教科书，我因此有机会在进校时就已经知道字母、描红和阅读，或至少我当时认为是阅读，因为辨别一篇文章即使不结巴，或是犹豫，不代表真正理解究竟写的是什么。我花了很长的时间来掌握沉默的标点符号的精妙与价值，笔画出的细纹，我们看到的简单的点，是不用读出来的，但是在阅读时，却用或长或短的停顿，用声调的变化或是语调的升降来让人感受到。从这点看，这些符号就像音乐变音记号，让作家给他的思想加上节奏，让读者呼吸。还有闭口音符、开口音符、长音音符，规定某些元音的发音，使得同音字加以区分。就像“ou ”（意为或者）和“ où ”（意为哪里），或者是一些已经消失的字母的痕迹，比如forêt（森林）这个词，长音音符代表的是不发音的辅音“S”，保留在它的形容词forestier（森林的）里，这些东西在法语里给予特别的意义。我不再举例，我忘了这些生字和一些看上去非常清楚的句子，实际上会让你产生疑问和悬念。

动词lire（阅读）很晚才引入到法语中，源自中古拉丁语legere“收集、采摘”或“聚拢、收集”或“选择”之意。这个意思的演变虽然不太明确，但却有很多种解读。有可能legere是通过拉丁语词组legere Oculis，即用眼睛把字母聚集起来，或者是拉丁语词组 scriptum legere，即收集写下来的东西，渐渐演化为“lire”的词形。大量与此词相近的词，élire（选举），intellectuel（智力的），leçon（课），légende（传奇），lier（关联），récolte（收获），sacrilège（亵渎圣物）……这些词让我们看到，阅读是一种多面的活动，不能把它缩小到仅在工具的层面，或者仅仅视为对一篇文章的破译。因此，阅读应该是把符号与词汇拼接在一起，获得意义，选择积累知识，有时甚至还是重新置疑思想或公识。然而，获得什么样的意义，做什么样的选择，积累什么样的知识，尤其是如何去做？这是问题所在。

人们通过模仿学说话，重复在家庭中在周围听到的话，接着是在学校，往往更多是靠接触小同学而不是成人来学说话。不敢模仿成人，是因为害怕被讥笑。模仿，并非完全靠着真正记忆的去做，也不区分说的是对的还是错的，但是学习阅读要求却相反，要下功夫、坚持不懈，以这个为代价，我们才能学会很好地写字与说话。“很好”也就是在过于通俗与过于雕琢之间，要有能力区分语言的不同层次来改换语调，细微地表达思想，与不同民族、不同品性的人，平等与相互尊重的对话。总之，这样可以建立意义间的关联与人类的联系。

* * *

我的家庭书房虽然书不多，但藏着各种书。当我揭开字母的奥秘之后，允许我任意挖掘我想挖掘的东西。这证明了我父母非常有智慧，也代表他们对我的极大信任。他们只是简单地认为，没有坏书，只有坏读者。

在他们眼里一切都是可读的，只有兴趣与乐趣可以左右我的选择。正是通过痛快地阅读通俗作品和庸常的小说，人们才能学会去欣赏大家。当然，还必须进一步提高鉴赏力并着力培养它。是学校和那些出色的老师教会了我如何仔细品味作品。

在我小学的最后一年，小学老师热哈尔德先生，一位留着金棕色小胡子的年轻人，开始从事他的第一份工作。在他富有感染力的热情趋使下，他利用他的部分业余时间组织所谓“唤醒”活动。每周四学校放假的日子，他陪我们班到巴黎去参观博物馆：海洋博物馆、卢浮宫、人类博物馆或是植物园。我们中间最好奇的同学问他问题，他好像总有答案。当然，之前他都要精心准备这些出游和所有他希望让我们去参观的展厅，就像他总是以他的敏锐的感觉，挑选一些古典音乐的片段，在唱歌课结束前让我们欣赏。他总是在参观或是我们听完音乐之后，在黑板上写下纪要，我们要抄写以记住一些常识与评论。这样我们既练习了写字，也可以回到家再重新去读这些记录。但是他从来不去检查这些知识有没有被掌握，他希望这些体验始终让我们保持乐趣。

我们特别喜欢的是每周的最后一天，在下课铃敲响之前的半小时，他把手伸进他的挎包，拿出一本书，让我们在本子上记下作者与标题，让我们收拾好东西，然后他晃着腿，坐在他办公桌边上，给我们念那本书的头几页。

我们就像在一个非常奇怪的河流上漂流，这种记忆，让我们相信可以承载我们所经历的和所学到的东西。然而，随着这个水流，浮上来的，经常是水源自身的碎片，是童年忧伤与幸福的片段。因此，我对中学或大学学习的作品记忆模糊，但对小学老师介绍的书却记忆犹新。在当时，法国学校教育不是男女同校的，我们班有好几个学校里出名的很倔的淘气鬼，整天什么都好玩，我不知道他们是如何经历阅读时刻的，但我知道教室很快就会完全安静下来，有可能有些同学是被老师的声音如摇篮般摇得昏昏欲睡，如果情况成了这样，热哈尔德先生一动不动，其他同学非常舒服地坐在他们的课桌前，双手托着下巴，或者把头放在交叉的双臂上听着。

就这样，在尼尔斯·豪格尔森，塞尔玛·拉格洛夫塑造的懒散、调皮的农村小孩陪伴下，我们开始了坐在鹅背上穿越瑞典的奇妙旅行，这只鹅梦想找回它的野外生活。或者我们在和我们一样的小学生昂特（Antoine，童话作家马歇尔·埃梅短篇小说的主人公）的身旁，他站在让人挂念的小店的橱窗前，那里陈列着了不起的七里靴。另一次，那个因棕红色的头发而被人起了个外号，叫作“胡萝卜须”（法国作家儒勒·列那尔小说中的主人公）的男孩，让我们与他一起分担被妈妈在很晚时派去关鸡窝门时的恐惧，以及当人们冤枉他、惩罚他时，他不被理解与苦涩的情感。时而我们感觉想在纸墨描绘的人中找到我们自己，时而我们却说我们的命运最终跟他们相比没那么可怕。我的同学和我住在离巴黎不远处的工业城市，但我们中的大部分都是从农村来的，我们都有表兄妹住在农村，夏天时我们与之一起玩游戏，那些植根于乡土、接近自然的故事，我们非常容易理解与感应。

每周，热哈尔德先生都会给我们读一本新书，又呈现出另一种魅力。他从来不顺着往下读。这样，路易·拜尔格（Louis Pergaud）或于乐·罗纳（Jules Renard）之后又是杰克·伦敦（Jack loudon）或詹姆士·奥里佛·古沃（James Oliver Curwood）和《加拿大大北方》，史蒂文森（Slevenson）和他的《金银岛》，儒勒·凡尔勒（Jules Verne）和米歇尔·斯托高夫（作品主人公）的俄罗斯……充满异国情调的地方、传奇的人物，用词的魔法造出的英雄奇遇，搅乱了我们确立的东西，冲击着我们对世界的狭隘的看法。

铃声回响，阅读把我们带去的那个宇宙，像肥皂泡一样破裂了，我们昏昏沉沉，非常遗憾地走出教室，带着脑子里五颜六色的画面，回到家中。我们中间的有些人只有一个想法，就是找到这本我们刚刚尝到一点滋味的书。为此，只有两个办法：或者到学校图书馆借，或者更好是向父母要一点钱，把这些书变成自己的。

热哈尔德先生用故意中断阅读的方法，建立起一种等待，让我们的好奇心落空，促使我们为纯粹的乐趣而自己去阅读。虽说后来，我学会沉浸在文章中去分析和评论作品，但我一直以来的想法是：阅读应该保留非功利性的特点，甚至当我和我高年级学生接触一篇文章时，我也努力让他们首先感受简单地用正确的语调读一篇文章，是多么令人狂喜。非常好的大声朗读，已经是一种评论。许多热情的读者会告诉你，读了普鲁斯特《追忆似水年华》几页后就放弃了，要想弄懂意义和它的美，可能应该大声地朗读具有作者特有风格的长复合句，在他标明的地方做出停顿。

有一个文学人物，对我而言特别有价值，因为在我看来，作家有着通过传奇与讲述使人着迷的本领，她就代表着这样的人物。这就是《一千零一夜》故事的女主角山鲁佐德，她同样也会抓住她的听众，苏丹山鲁亚尔的注意力。情况确实生死攸关，因为如果她无法做到在苏丹眼里或对于他的快乐而言不可或缺，她就会像其他王妃一样，因为担心她们的背叛而被杀。为了逃离死亡的宿命，每晚她都给苏丹讲一个故事，但结尾总留到第二天，在重新开讲另一个故事之前。词句的神奇起了作用，一个故事接一个故事，日复一日，苏丹已经离不开她了，所以他决定在一千零一夜之后放了山鲁佐德。无法想像其他故事，还能想像什么比喻，比这个故事更能体现出阅读的效力呢？

加在机智的讲故事者身上的威胁，在我们第一次打开书时，也开始加在整个书上。如果书不能吸引我们，如果我们不能屈从于它的吸引，无论这是怎样的吸引，如果我们觉得厌倦，我们会合上书并把它忘记，和书一起死掉的就是它的作者。这样，阅读始终存在一种脆弱性，哪怕一点点声音都会干扰它。然而当我们深深沉浸于一本书中，天崩地裂，我们都不会察觉。

作者也必须懂得口语的重要性与近乎催眠的效力。读一读写好的文章，很大程度上可以直接了解其文风。根据某些同时代的人的说法，古斯塔夫·福楼拜为了判断他写的句子是否严密与协调，习惯在他传奇的“吼叫房”里，大声用力叫嚷，这地方，可能是他的办公室，他克鲁瓦塞家里，花园的一角。对特别关注格律分析与文章声调的诗人来说，这样的练习是不可省去的。所有大作家都是语言的音乐家，把耳朵竖起来谱曲；而读者的微妙的任务，就是诠释作者给他的乐谱。

看到这些，我们只能高兴：在十九世纪之后，盎格鲁·撒克逊世界公共阅读是这样受欢迎，在那时，狄更斯在英国、美国巡游介绍自己的作品，如今的欧洲，在文学沙龙、文化节或者是剧场演出里，阅读依然是许多人的兴趣所在，拥有很高人气。

II

哈姆雷特：词语、词语，还是词语。

——威廉·莎士比亚《哈姆雷特》

在莎士比亚悲剧的开始，哈姆雷特，威登堡大学的学生，知道国王去世的消息，赶回到丹麦，但却为时已晚，父亲的葬礼已经结束。然而，父亲显灵，让他为他复仇，因为他是兄弟克劳狄斯害死的。克劳狄斯继承了王位，并且娶了哈姆雷特的母亲，已逝国王的妻子乔特鲁德。在这一幕里，克劳狄斯派出监视哈姆雷特的侍从波洛涅斯，意外碰到王子手里捧着一本书，问他读的是什么，“词语、词语，还是词语”，哈姆雷特回答。他用明显不过的语气，让波洛涅斯相信自己是不可侵犯的，或是疯了。通过这样的回答，让波洛涅斯感觉他像是在批评那个时代流行的某些教学方法。人们习惯让学生注意字词，把字词抄到本子上。就像伊拉斯谟（荷兰文艺复兴时期人文主义思想家、神学家）在他著名的随笔《箴言集》所描绘的方式一样，列出名人的语录或著名作家涉及的地点的清单，简单重复背诵他们读过的东西。这样积累现成的谚语与警句，是否就是自主独立去了解与思考的方法？威登堡大学，我们认为是哈姆雷特求学的地方，根据哲学家、神学家，威登堡大学的领导者梅兰希顿的理论，对我们的读物要进行筛选，进行批评，以形成自己的观点。年轻的王子看上去一直不停地这么去做的。这样我们就更好理解这个悲剧人物的行为，尽管他阅读并且学习科学，他还是不断自问：他感知的东西有什么意义，他周围的世界、行为究竟有什么意义。著名的问题就在这儿，完整地描述了总是缠绕着哈姆雷特的永久的疑问，也延宕着他行动的决定。这样，好像他的学习给他打上深刻的印记，以至于他停留在分析以及寻找真理的领域，而不能回到世界及现实中。

当然，不能把阅读仅仅视为对文章的简单阐释，这是某些人、教师、文学评论家必须要做的事，但过分追求抽象阐释，显然会削弱阅读的乐趣。正如女作家弗吉尼亚·伍尔夫在 1916 年发表的随笔中说的那样，想学东西而读书的人与纯粹爱读书的人，区别是极大的。只有深思熟虑的老师可以教你进入作品同时又与作品保持距离。这样读者就能在文章的缝隙中游走，任由自己发挥想象、敏感和智慧。如果他既跟随剧情或推理的发展，同时又游离、停留、转身去发现，或跳过几页，这样他就让文章产生了新的意义，这些意义甚至并非作者主观所要表达的。读者介入到写作中，重新书写了手中的作品，某种程度上说，变成了第二个作者。阅读，就是每次都创造出一篇新文章，我们可以把一首诗、一篇小说、一个剧本或一本随笔重新读一百遍，每次都有不同的内容。因为书是不变的，而读者是在改变的，他的经验是在不断丰富的。读者往往是通过他阅读的别的东西来增进自己的阅读理解，没有什么真理是纯粹地从某书本中自己显现的，如果这样相信或这样希望，就很危险，我们后面将能看到。

我们在书本里只能找到我们的感受、我们的文化和我们的智慧参与其中的内容。人们可以与大仲马笔下的主人公达达尼昂产生共鸣，笑话莫里哀笔下的绅士，为爱玛·包法利夫人的死而哭泣，人们甚至可以与维克多。雨果一起愤慨，在他给巴特莱船长的一封信中，他斥责1860年英法联军在北京做出的魔鬼行径：“两个强盗进入圆明园，一个掠夺，另外一个焚烧。”但是在我们和作者所提及的感受之间，永远有一个壕沟，虽然我们不必冒任何风险就可以跨越它。哪怕这感受，是经历过的事实最直接的证明。

有的时候，我们会被一篇文章感动，以至于我们变了，改变我们的行为和我们对待世界的方法。但这真是奇怪也让人安心的事，同样的文章在我们的亲朋好友的身上，完全产生不了效果。我们以为了解他们的爱好情感，我们非常热心地推荐这本书，确信能在他们身上找到回应，让我们惊讶的是，他们告知了他们的失望。认为一本书能够改变全人类，事实上是无法实现的幻想，不知道所有写下的东西，都是某个时代，某种文化的产物，昨天对的事，明天就是错的。你可以用某些宗教之类的文章来反对我的看法，事实上，我认为，这类作品之所以被成千上万的人所敬仰，是因为在某个历史的关头，有一群狂热分子把这些强加给他们，有的时候以粗鲁的方式，只给他们看这种书。这一点，却往往被人们忽视。在他们眼里，这是无可争议的，如同这些作品是具体的永恒真理的携带者。

而有智慧与审慎的读者，对他来说，发现一本文学作品，首先是一种享受，而不是对绝对的追求或对知识的向往。他明白从阅读中能获得的东西，既缘于他自己，也缘于作者。这就是为什么把大家都喜欢的小说改变成电影，却经常如此让人失望。我们赋予人物以形象，感受他们的情感，用我们想象的眼睛看到过他们经常出入的地方，即使我们赞同改编作品中的观点，我们还是知道这个观点或意见不是内在于文章的，应该用批判的眼光去看。屏幕上出现的只是另外一个电影人读的书，而不是我们读的书。我们认出的是某位演员而不是我们在读书时所看见或设想的那个主人公。此外，电影没有间歇，也不能回看，也没有拉开欣赏的时空距离，胶片一直转动，不给我们思考与梦想的时间，我们的想象屈从于导演、道具、剪辑的想象，因此我们被剥夺了解读的自由。

浪漫著作或政治著作中的文章插图，也不能摆脱这一缺陷。它们有价值，往往是因为创作它们的艺术家很著名，也因此书变成了艺术品。画家经常从西方基督教典籍中获取灵感，或者从他们读的书或论文中发现古代历史，那是否可以说，他们的画就是对这样文章的阅读？或许如此，但必须指出的是，这种阅读往往是听从于预定这些作品的文学艺术资助者的愿望或期待，还有宗教或政治领袖想要通过画面来传递很多信息。

相反，把我们没有看过的小说改编成电影，是一件有益的事。看完电影如果喜欢，我们会有愿望去买这本书来了解得更多。

III

我觉得阅读好像也能教人写作。

——塞维尼夫人给女儿的信

（1689 年 7 月 17 日）

一个六十三岁上了年纪的女性给出了这样的判断。塞维尼夫人读了很多书，花很多时间跟她的父母和亲人通信，这是她给住在普罗旺斯的女儿格里尼昂夫人的一封信，她可怜她生了一个不喜欢读书的儿子，当时还是孩子。她观察到无知甚至会对军人也有影响，他们需要在别人那儿学习很多重要的活动，她补充道："我认识一些中尉，他们的文风是平民风格，而懂得写下自己所想的是一件非常美妙的事，有的时候也是这些人，写的就和他们想的，和他们说的一样，这就是全部。"

塞维尼夫人，仅仅被视为书信体艺术的大师，用讽刺的笔调指出，军队领袖的文字风格体现着他们语言与思想的贫乏。因此，阅读不只是教人写作，同时还教人通过语言更好地表达感受或想法。我再加一句，阅读还可以帮助人更好的阅读。在现代人们经常批评连环画，认为连环画不是读物时，很多人却在童年时，就是从很短的故事，有很多插图的短故事开始，而开始喜爱阅读的。《丁丁历险记》的作者埃尔热（Herge）在中国非常有名，他的作品深受各年龄段一代代读者的喜爱，以至一些像米歇尔·塞尔这样的思想家、哲学家，也对他的绘画集进行了科学的研究。人们如何成为读者，这不重要，但要当心的是，某些连环画，或是很多年轻人喜欢的漫画，文字太少，只剩下图画，这是个缺陷。没有丰富的讲述，读者就不能丰富他的词汇和语言，不能就作者的特殊句型进行思考，不能努力理解某些复杂的想法或情况，以及作者努力使他的精神世界对外开放，也不能使他的笔头与口头表达更细腻。

* * *

1753年，学者布封在当选法兰西院士典礼上的发言中，对风格进行赞美，发展了与塞维尼夫人相似的想法。启蒙时代，是一个精神与对话艺术闪耀在沙龙的世纪。他的发言表达了对古典主义的怀念，反对泛滥于文坛的绚丽文风，不认可没有经过天赋锻炼与精神培育的口才。因此，布封可能是出于客套，表明他关于风格的见解是从他有才华的同僚们作品中汲取的，对他们召唤他加入他们的行列表示万分荣幸之后，批评一些作家，只有丰富的词汇而完全没有想法，并宣称他们只会把说的话写出来而已。

在他的发言中，他表明一个事实，就是写作演变了，他感到非常遗憾。出现很多新的载体，报刊杂志，种类并非不同，但却完全被重新定义了。讽刺性作品，抨击文章和小说，与此相随，读者的期望与要求也跟着变化了，我们从一个时代走向另一个时代：在那个时代，书和阅读还仅限于少数贵族和精英阶层、大资产阶级，他们对形式、风格、文章的严谨性，甚至对作品的物质形式如质量、纸张、装订也感兴趣，而另一个时代，交流主宰一切，越来越多的人虽然可能没那么有素养，但对阅读有着同样的好奇与渴望，他们希望借助出版物，能够发现社会与世界隐藏的另一面。因此，一个融和了故事、风俗研究、经济思考、社会及心理的小说的辉煌时代诞生了。叙事结构演变，十九世纪出现了伟大的浪漫叙事文学，比如简·奥斯丁、巴尔扎克、雨果、狄更斯、莫泊桑、左拉，还有托尔斯泰、果戈里、雪莱、曼佐尼、阿拉尔孔……

这些作家作品是多样的与丰富的，以至于现代批评家认为可以把小说定为欧洲的一种文学形式，不了解在亚洲，特别是在中国，早有类似的作品。确实如此，例如，在中国的古典典籍中，《水浒》《金瓶梅》《红楼梦》只是在近期才被严谨地翻译并用法语发表，翻译者应该值得赞扬，让我们听到了既不会说，也不会读的语言。假如我们没有读过法文版的卡夫卡的《诉讼》、托尔斯泰的《战争与和平》及《西游记》，我们会对自己怎么想，又对自己知道多少？在这里不得不提及利玛窦，1583年到中国传教的天主教耶稣会教士，他发现了深深吸引他的遥远东方，他吸纳了中国文化，学会讲中文，并且读中文。他并没有忘记他最初的使命，因此他将他的使命聪明地融入了当地文化，被当地文人圈所接受，并引进西方科学与技术的成分，以至于在平民的宗教里，他被视为“时钟大师”。但他更大的贡献，是他将《四书》的首译本传播到欧洲，并且发明用拉丁字母拼写汉语，编出了第一本字典《西字奇迹》。1601年，他终于获得万历皇帝的进京许可，赢得了许多中国文人与官僚的尊敬，他们在相互尊重的前提下，卓有成效地交流彼此对生存与世界的看法。这在《交友论》中有所体现。这本书在日本、韩国和越南发行量很大。1610 利玛窦去世，为了对他表达纪念，皇帝同意将这个西方文人埋葬在中国首都。

我们不能掌握世界上所有文字语言，如果没有牵线搭桥的翻译，那些作家藏身其中的书籍，就会局限在它们所产生的很小的世界里，无法传播。因为翻译，书跨越了国界，用我们的语言，同时并不放弃他们的来源，在这个时空中游历，为我们带来了我们永远也无法相遇的人们的消息，让我们在不同的文化背景下，了解是什么让他们活跃，他们喜爱什么、讨厌什么，他们害怕什么或希望什么，跟我们自己感受到的非常相像。阅读使我们变得谦逊，让我们懂得我们中没有任何人生活在封闭的村庄，而是在一个永远造不完的巴别塔里，充满着千万种声音，每天都有书籍为它添砖加瓦。

随着互联网和电子书籍的发展，我们生活在一个比布封所说的变化更加激烈的年代，是否需要悲叹呢？电脑的使用促使很多人读得更多，写得更多，即使他们读或写的东西不再符合过去年代的严谨与正确的标准。人们发现，有很多无名作者，在网络上发表个人日记，自娱自乐，用编撰的诗歌与文章，与其他网友交流。载体变化了，纸和笔都消失了，但是语言留下了。

* * *

请允许我再追忆过往。上小学的时候，老师让我们写短文，诸如描写秋天的到来，叙述一件让你恐惧的意外事情，给你在假期中遇到的朋友写一封信等主题。我非常喜欢这种练习，让我很短的时间里就觉得自己像个作家。我努力借用我读来的表达方式或情境来为我的文章增色，我悄悄把很生僻的词塞在这儿或那儿，或者我认为是这样的，有的时候弄错拼写，把意思用错，因为我还没有在字典上学过它们的正确用法。没有什么比老师把我写的笨拙、造作的文章当作范文，在全班大声朗读，更让我得意的了。我应当承认，这个轻易得来的成就仅仅是因为我有丰富的词汇，而老师没有严肃地评判我平庸的见解。一句中国谚语说："读书破万卷，下笔如有神。"这个数字当然是象征性的。如果说我童年起就读了很多书，那么我今天当然也要继续读书写作。

* * *

十七世纪，尤其在法国，法兰西学院和一些作家努力制定写作规范，这些规范往往只是对已经存在的做法加以系统化。这种规范忽略了任何一个艺术家，无论是写作、绘画还是从事雕塑与音乐创作的，都是自由的，最细微的禁止同时也是约束，可以让艺术家获得灵感，促使他去寻找其他路径，另辟蹊径，找到自己特有的音调，来分享特殊的感受，以和他前辈的感受形成反差。即使一个艺术家欣赏他的同行，以至于去模仿他，但他还是不停地去寻找自己的方式，自己的风格，而不是奴性地一味重复别人在之前已经运用过的模式及写法。他首先会用别人使用过的方法，直到有一天，他成为自己刻刀、刷子和笔的主人，他从别人的模式中解放出来，和语言游戏，努力想表达出正如马拉梅所说的“部落词汇最纯粹的意义”。也就是说，锻造自己的规则，摒弃妨碍他创作自由的规则。阅读的乐趣还在于：我们从阅读中偶然相遇的所有作家身上，都期望他们让我们惊喜，不一定非得靠与众不同，过于奇特的发现，或与传统决裂，而是希望看到他们运用语言的不同方式，或者灵活运用人们认为不可触犯的规范，那些他所钟爱的并为他服务的文学类型的规范。

在我上高中的时候，学习了法国古典诗人，浪漫主义、高蹈派以及象征主义之后，我第一次读到阿波里翁的《图形诗》，布莱斯·桑德拉尔的《西伯利亚的诗文》，我懂得了一首诗不仅仅是一组遵循固定规则的长短不一的句子的叠加（韵脚或声调的数目，韵律、固定格式），要去读、说或听，而且还应对它本身进行观察。请想象读者面对布莱斯·桑德拉尔《西伯利亚的诗文》由索尼亚·德劳内插图的罕见的版本时所表现出来的惊叹。这是一张二百公分长，三十六公分宽的纸，褶成风琴状，就像中国书法一样要竖着读，左边的一半是颜色鲜艳的拼画，右边，同样的颜色，洗旧了，弯弯曲曲在诗的页边，像一条梦幻中的铁轨。这里，诗的视觉形式表达了他所有的意思，邀请我们与诗人一起旅行，让我们在铁轨车厢的声音里摇晃着入睡，让我们在描述的风景与名胜古迹面前惊叹，诗人从来没有坐过这辆传奇的火车吗？“这有什么关系呢？”他回答一个好奇者，“因为我已经让所有的人都坐了”。

IV

当他读书的时候，他的眼睛浏览着书页，用心仔细察看着其中的意义，但他的声音与舌头是休息的。

——圣·奥古斯丁《忏悔录》

这是一个人沉浸在阅读里的奇特场面：他对世界的喧嚣充耳不闻，对躁动完全视而不见，对物质的急迫需求无动于衷，圣·奥古斯丁是对此最早惊讶的人。公元380年，他发现米兰主教阿姆伯伊斯就是以这样的方式读书，既不动他的嘴唇，又不发出一点声音。那个时代的欧洲，书面语以拉丁语和希腊语为主，这两种文字在字与字之间，既没有空格，也没有标点，这种方式限制了对章节的辨认和大声发音，古代的文人把这个任务交给智慧的参与。此外，发音文字把阅读复杂化，然而，根据某些学者的观点，运用中文这种表意文字、象形文字，可以让读者不去通过音节的辨别，更容易弄懂字的意思。阿姆伯伊斯以后很长时间，甚至在运用空格与标点之后，阅读依然保留了它的口语性，使之成为可以为特定公众提供的一种活动。

早在荷兰绘画黄金时代之后，维梅尔、伦勃朗或杰瑞特，都会让他们的男女模特独自享受安静阅读一封信或一本书，以此作为他们绘画的主题。对于一个画家来说，怎么能想象出比这样的情景更完美、更安静、保持一种姿势、没有任何累赘的动作的模特呢？他们沉浸在自己和作者的思想里来理解这篇文章。

这种沉默的阅读方式很长时间都引起一种怀疑的态度，因为陪伴它的是自我禁闭，读者不仅跟它周围的东西隔开，也和其他人孤立开来。在这个如此私密与个人的行为中，可以看出一种非常不健康的享乐，可以和肉体的享乐相比较，当时道德准则规定比当今要严厉得多，如同政治与宗教规范相距只有一步之遥，它们常常混淆，被随意穿越。

如何了解这些如此阅读的人，他们的想法或想象？除非去拷问他们的意图，或者描述他不可言说的动机。从现实中抽身而出，进入想象与思考的世界？谁也不能，也不应该试图这样去做。

不用忘记文字，文字与它表现的语言很

长时间都保留了起初就赋予它的神奇与神圣的特点。教士或文人享有一种占卜者或造物主的特殊地位，他们掌握与识别文字。因此，人们认为最古老的文字，是最早载有汉字的记录，这些符号已经有六千多年的历史，被刻在乌龟壳和骨头上用于宣告神谕。

在西方与近东文化中，早期著名作品都有宗教的特点：它们直接产生于神示：通过先知及听到神的话语的人逐字逐句记录。因此，西方和近东的三大宗教的书（按年代顺序，分别为《摩西五经》《圣经》和《古兰经》）都被称为“神的启示”。人们不能去修改它们，因为它们是上帝的话语，是圣言本身。此外，帝王有神权，他们的敕令和话语是神圣的。只有神甫和宗教人士可以谨慎地解释它们。而在犹太教，却很早就有更加开放的注解传统。

此外在西方，书面语言在好几个世纪，都是仅限于指导众生意识的精英所掌握的拉丁语。文字是手抄本，因此不能流传很广。

古代中国木板印刷书继承而来的活字印刷，古登堡发明的印刷机，使得文字慢慢从文人私密圈子走出，吸收了通俗语言，在大众圈里普及，让更多中产阶层的人识字。最早敢于用本土文字翻译宗教文章或写科学论著的作者引起怀疑，甚至引发有权势的人的敌意，因为允许芸芸众生读原属于统治阶层的著作，是让他们受教育，让他们从无知和奴役中走出，从固有的思想中解放出来。马丁路德和他的神学家团队（其中包括古希腊语学者梅兰克吞）所翻译的德语版《圣经》在1534年发表，后又经修订，是一次真正的革命，因为它让普通人学会通过自己发现神示文章的内容。

为了更好地保存文字文化，精英们宣判通俗语言具有腐蚀精神与习俗之嫌，并把它们打入“地狱”，在图书馆里把它们置于所谓伤风败俗或猥亵的一栏中。

在中国同样，文学批评无视给平民写的白话文的存在，根据儒家思想建立的科举制度以及古典文学标准而选出的文人，积累艺术与政治知识。十九世纪末小说家鲁迅是最早运用白话文写作的人之一，年轻学者胡适重新审视古代著作的意义，在1917年虽然遇到阻力与攻击，但他倡导进行文学改革，开辟了中国文学新时代。于是研究者都开始关注用明白易懂的语言写就的大众文学作品。

1605年《唐吉诃德》的第一部分在西班牙发表了，同一年再版六次。第二部分在十年之后发表，获得了同样的成功。穷绅士唐吉诃德把他的时间都于阅读骑士文学小说，过时的作品说的是勇敢的骑士为追求荣誉，以完美贵族的名义，为了心目中贵妇的尊严而与龙和巨人战斗，从巫术或魔法中解救公主。唐吉诃德被美妙的讲述所吸引，他决定仿效虚幻的功绩，把自己变为流浪骑士。外甥女为了让他放弃这个荒唐的计划，请求村子里的神甫把他舅舅的书全部销毁，因为它们在他身上起到了灾难性的效果。剃须匠帮忙承担了这一苦差，他删改了一部分作品，烧了一些作品。塞万提斯运用巧妙的讽刺手段通过神甫之口评判这些书，他很细地阅读过这些书，作者仿佛是在建议，对一些人是毒药的东西，对另一些人却是甘露。实际上，作者另有寓意，这一场景让人们想起宗教法庭不仅焚烧纸质作品，而且还把人烧死。

* * *

“那些人们焚烧的地方，最终也会焚人”。德国诗人海因里希·海涅《阿尔曼莎》剧中的一个人物这样说道。该剧重述了西班牙历史上这一恐怖的篇章，并赋予了它更普遍的意义。

在任何时期，任何地点，都有过对书籍的相关禁令。一旦写作置于他人的目光下，也就有了某种批评的可能，写作活动就失去了独立与自由的特点。公共话语本身，就像苏格拉底因煽动年轻人放荡而被判处死刑所显示的那样，成为疑点。在这个对良好风俗和社会秩序维护的名义背后，往往隐藏着某些社会阶层与等级的特殊利益。因此我们就不会惊讶：在欧洲，宗教与世俗的当权者，教会与国家，在很长一段时期都对印刷品实行非常蛮横的检查权。规定必须让仔细挑选出的审查员预审，再得到天主教会的出版许可或皇家特许。

这样，大批作家被羞辱、追捕，甚至被押到法庭上。比如法国福楼拜因为他的小说《包法利夫人》的遭遇，这只是一个例子，尽管结果相对不算糟。《包法利夫人》讲的是一个年轻妇女，一个富农的女儿，嫁给了丧偶的乡村医生查尔斯·包法利，他是一个勤快而傻乎乎的男人，不懂得回应他夫人的浪漫梦想。艾玛·包法利是在宗教制度下长大的，她读了贝纳丹·德·圣彼埃尔的情感小说《保尔和维吉妮》之后，她内心的激情为神秘爱情的幼稚想象而着迷，她在某一时间对司各特的小说非常热爱，幻想自己生活在有名而命运多舛的女性的辉煌而神秘的过去，比如圣女贞德，一个捍卫国王，被烧死的年轻牧羊女；或者是爱洛伊斯，阿贝拉尔的不幸情人，他是神甫和神学家，被处以屈辱性的惩罚，阉刑。这些幻觉与一定程度的失落促使这个年轻女性在她丈夫不知情的情况下，投入引诱者的怀抱，直到有一天被他们抛弃。她自杀了，留下仍然爱她，却不知所措的丈夫。《包法利夫人》1856 底在巴黎杂志上连载发表，当时是在拿破仑三世的统治下，那是个专断的时代。1857 年 1 月，杂志的出版及印刷商与福楼拜一起被告上法院，原因是冒犯了公共道德与宗教，根据公诉人埃内斯特·皮纳尔很长的起诉状中的那些罪状。今天重读它，我们会好笑，因为在这个起诉状中，公诉人试图对情节做摘要，引用他认为淫秽或侮辱的片段，然而福楼拜笔下完全没有一丝淫秽的场景与赤裸的暴露及很露骨的性行为。艾玛第一次出轨，实际上是对爱情的第一次发现，埃内斯特·皮纳尔从她的狂热想法中，看见了“对通奸的颂扬、对通奸的礼赞，是通奸的诗，通奸的快感”。他引用一些段落，他影射的内容在如今不能引起任何公愤。道德就像习俗一样，随着习俗而改变，我们的阅读也跟着变化。在1867年，冒犯政治与宗教权利的福楼拜小说，让一些正派公民的精神感到不安的内容，今天对我们来说，描写显得既自然，又几乎资产阶级般的保守。请注意，在当时一个女性通奸被捉，将被判入狱，一个男性欺骗他的配偶，却只需要罚点款。此外，可怜的女性即使坐完牢，也会被耻辱烙下终身印记，被家庭遗弃，扔上街头。公诉人甚至在艾玛自杀和死亡中都看不到福楼拜是用非常可怕的笔触来描写一个非常恐怖的惩罚，通过艾玛，他也同样给书和作者判罪。

福楼拜的律师儒勒·塞纳尔在他的辩护词中，非常轻巧地重新拿出他对手所引用的段落，指出一句话抽掉上下文，可以有不同的阐释。一句话，公诉人谴责作者的，恰是他绕在自己头脑中的念头，他引出的结论适用于任何一个艺术作品，如果想要这么看的话。“阅读这样的一本书，究竟会让人喜爱放荡，还是讨厌放荡，还是害怕放荡？对错误如此可怕的赎罪，难道不会推向美德？”他说服了法院，于是三个被告被无罪释放。因此，法庭也免于处分可怜的女主人公，实际上她就是自己的浪漫与男人们的愚蠢的受害者。“包法利夫人就是我”，这句话被错误地按在福楼拜一人身上，其实它适用于所有的读者。因为伟大的作家的天赋就是钻进他人性心理里，让我们更好地去理解她。

不到七个月之后，埃内斯特·皮纳尔以

同样的理由起诉波德莱尔，因他发表的《恶之花》，这正是历史的讽刺。让这次他获得的罪名是：冒犯公共道德与良好习俗罪，以及删除了他的诗集中的六首诗。这个判决在1949年被改判，开始的结果是读者不敢奢望的，他的诗集，删去了六首“猥亵”的诗，为他做了广告，保证了诗集在丑闻基础上的成功。对审查者而言，这正是一次好的教训，这之后就经常发生这样的事，比如说侯爵萨德的作品、劳伦斯的小说《查泰劳夫人的情人》，还有许多我们今天可以随意读到的书。当时私下买卖的书，会遭到非常严格的审查。

离我们更近一些的时代，某些政治制度毫不犹豫地关押、流放或消灭那些被判定危险的作家。而我们今天读起他们的作品，往往会非常惊讶地追问，如果不是审查的误解与愚蠢，当时他们怎么会遭受如此命运。被扔进火焰里的书单很长，甚至一些读者仅仅因为拥有过一些禁书也遭迫害。

当局与审查者，难道不是把书和他们作者的真正的影响扩大化了吗？1964 年，政治作家与哲学家萨特发表了《词语》，主要是讲述他童年的自传，分为《阅读》和《写作》两部分。萨特在很长的时间内，都是法国的知识分子的权威人物，影响甚至超越了国界，他无论对错，通过文章、随笔，也通过行为与话语，支持过众多政治或人类事业，然而他在《词语》一书结尾，对他以为可以在世界上与思想领域能够扮演的角色，作了沮丧的思考，“作为社会活动家，我想通过作品自救，作为神秘主义者，我试图通过被干扰的词语之声，揭开人类沉默的面纱。尤其是我把东西和名称混淆起来：我以为就是如此，其实是我眼睛发花了。”

事实上，把词语当作物体，就是混淆了故事与现实，就是混淆了世界的语言表现和世界本身。萨特彻悟后补充道：“很长时间里我把我的笔当作剑，现在我了解了我的无能为力，不过没关系，我现在写，我将来还会写，因为书还是有用的。文化不能拯救什么，也不能拯救人，它不能证实什么，但它是人的产物，人从中得到投射，从中自我了解，只有这一面批判的镜子给它提供画面。”

* * *

作家以为对世界的问题给出了最终的答案，这是幻想。读者以为在文字中找到了他自己问题的答案，抓住一个救生板，也同样是幻想。“上帝，请让我提防只有一本书的人”，西班牙谚语说。事实上没有什么比只用一本书发誓的人、只念一类书的人及把他的行为和这些文章统一起来的人更危险。在它的历史上，西方并非总是能避免这一灾难，所谓的神示文字、意识形态的文章、哲学随笔，往往会变形或被误解，引起很多罪恶，流的血比流的墨水多。只认定一本书的人不知道阅读的价值本身，他也是把词语当作物体，没有拉开距离，除了他所崇敬的文章，他拒绝任何不同的阐释，丢弃一切批评精神与乐趣，在他不断重复阅读与引用的著作中，只看到一件崇拜的物品。在他眼里只存在一本书，就是他的书，他对其他的作品很谨慎，痛恨它们，审判它们，就像审判喜爱其他书的人。他挥舞他的书就像一面旗帜，为了自己去讨伐，努力把它当作唯一的真理，强加给所有的人。

美国小说家伊迪丝·华顿和亨利·詹姆斯、马赛尔·普鲁斯特是同时代人。在她题为“阅读的恶习”的讽刺性随笔中，把上述谚语的根据推衍得更远，那些机械的读者，自我强迫去读最新流行的书籍可以让他们引用，为了在社会上炫耀。但是他们对本质的东西完全没有记住，也没有充实他们的想象。被伊迪丝·华顿将这样的读者钉在犯人示众柱上。她明确指出，这种行为的主要后果，可以用西班牙谚语进行有力的概括，这样的读者往往过于频繁地把精神见解与智力或美学判断相混淆，这已经成为趋势。由于他们自己把它变为“阅读的义务”，他们只对平庸的作品感兴趣，不需要做任何努力。“为什么我们都要成为读者呢？我们不应该都成为音乐家的。”她不容置辩地说道。

但是，不要只从字面去理解上面这句话，也不要把伊迪丝·华顿精英式的观点作为典范。人们可以成为音乐爱好者，但不一定要去做作曲家或翻译家，正如人们可以喜爱阅读，但不一定要成为文学方面的专家。既不存在天生的读者，也不存在什么阅读基因，一切阅读的享乐都是好奇心、开放的精神和良好的感觉带来的。既使读者收到“一本书”信徒喜爱的书，也不一定就是坏书，我们认为，这是由于他们对书的使用不当，使之起到反面作用了。

V

如果你拥有一个书房和一个花园，你就什么都不缺了。

——西塞罗《至恶与至善》

在这封给他的朋友泰尔穆斯·瓦罗的信中，拉丁哲学家西塞罗用人们认为极精炼的方式，定义了幸福的概念。在他那个时代，这种幸福的状态只属于生活足够富足的优裕阶层，他们拥有土地，受过良好的教育并拥有识字的奴隶。这句话让人震惊的是，这两种平行的财富组成了西塞罗“幸福”的源泉，书房与私家花园难道不是设计他们的人的想象吗？难道不是体现了他们的爱好？在外人眼里，也许荒谬，难道不是体现了他们的和谐感与分寸感？

在花园里散步或书房里翻看书籍，这是不是想要偷偷地追根溯源，揭开主人生活的某些秘密？

这也是人们可以找到内心宁静的地方，享受自我的孤独的地方，跟自己对话，或与沉默的对话者（书籍）交谈，悄无声息，与风吹拂着页面的声音及花香鸟语对话。书房与花园非常适合思考与启发冥想；它们也促进工作与创作。实际上，书与花园的爱好者更愿意用乐趣这个词来代替工作：他们照料他的花园，设计花圃，规划让人惊叹的空间，种植稀有植物以发现季节变化带来的不同景观，正如在书房里到处寻觅，为著作分类，添加新的书，重新找出已经被置疑的书，使之在我们手中又获得第二次青春。

书房也是一个神秘的地方。据记载，亚历山大城在公元前288年建造，不知道在哪年被毁的，该城拥有七十万卷书和文献，是人类历史的证明。作家豪尔赫·路易斯·博尔赫斯虽然双眼失明，但曾一度做阿根廷图书馆馆长，他和意大利的翁贝托·艾柯都在他们的事业中，给图书馆以很高的地位，有时把图书馆几乎变成了故事中的人物。

* * *

图书馆这个词，是从希腊语 *bibliothêkê* 中借用的，是由“书”和“箱盒”拼成的，在法语中有好几种意思，可以是普通整理柜、书房、或是拥有很大阅览室，藏有成千上万的书，被精心编成目录索引，这就是公共图书馆。这些不同的空间象征两种记忆：前者是个人或家庭的记忆，后者是全人类的记忆：一部巨大的百科全书，具有语言的特点与民族文化精华的百科全书。在这种情况下，经过各个世纪而积累起来的著作证明了那些往往已经消失的不同时代民众的爱好、兴趣与知识，同时也体现了意识形态和政治的焦点。我们对此感兴趣吗？再来看一下私人空间，这个小房间，整理和收藏书籍的家具，书房就成为把书非常耐心收集起来的人的个性的反射。

塞缪尔·佩皮斯是伦敦大资产阶级，英国查里二世时期的海军部参谋，连续九年写日记，因为视力原因，1669 年才放弃。他在日记中讲述了他职业生涯和私人生活中对政治与公共事业的见解，同时也记录他对音乐、戏剧和文学的趣味。在他去世时，他的书房里藏有三千多册书籍，他把它们赠于他的母校剑桥大学麦格达伦学院，同时制定了不许更改的条件：所有的书必须严格编成目录，如果需要它们可以组合得更漂亮。此外，他还要求，收藏的全部书籍，不能出售任何一本，也不能添加新的。确实是，他对他买来的完美精装的书籍精心保存，在他的遗嘱中，他甚至把葬礼纪念戒指送给他的书籍装订工和身份卑微的缝书工。

在这个保存特别完好的十七世纪的书房里，我们能找到什么呢？它向我们提示了它主人的什么呢？

塞缪尔·佩皮斯在 1672 年就任海军部参谋，这一职位要求他必须了解他职责范围里装备与技术方面的内容。他把他的书柜里装满了带有海军军舰木刻画的书。在那个时代，人们都对中世纪不感兴趣，认为是黑暗的年代，他为了那些中世纪丰富的彩色装饰字母，收集了他无与伦比的六十多部手抄本，这是很了不起的。这第一套书籍，从某种程度上，代表了佩皮斯的公众形象和社会地位，是拥有出入皇家宫廷的资格的富豪和重要人物。

然而，要想了解他的爱好，必须要打开他的日记，他在其中揭示了他的内心。在标示着1663年12月10日记的开始，他描写他去书店的经历：“我让人拿出二十多本书，面临选择，非常窘迫，我看出，显然我在这方面花钱会没有节制，我无法定夺是否不该买这些浅薄的书，比如剧本，我的爱好，却向那儿倾倒。”那天他带了一大笔钱，他准备要向他的乐趣让步，但是，理智与智慧几乎占了上风，“在翻看乔叟的，甚至莎士比亚、琼森和博蒙特的作品之后，我最终选择了福楼博士的《英雄》《国书集》《荷兰美食》，另外还有两三本小说，但都或有用，或有趣，或令人愉快。我又加上了《休迪布拉斯》，分两部分，这本书因为诙谐，当下很流行……”最后买的是塞缪尔·巴特勒的《休迪布拉斯》歌颂英雄的讽刺诗，讽刺在君主制复辟以前，由奥立弗·克伦威尔领导的英国革命。巴特勒从唐吉诃德中获得灵感，但把他的流浪骑士变为狡诈、狂妄，把宗教狂热变得微不足道，这是他抨击某些清教徒卫道者的方法。他是一个捍卫君主制的人，塞缪尔·佩皮斯服务于国王查理二世，他把巴特勒的作品当成枕边书，选择不是那么单纯的，他并不喜欢巴特勒的政治倾向，他是不是寻求想放弃个人倾向，强化政治忠实的意识，或者是他想纠正自己的判断？

让我们来看看另一本书，约翰·德·巴

利瓦勒用法语写的游记《快乐荷兰》，该书1651年第一次出版，1660年修订后再版，记载荷人的风俗与政府，列出年代大事记。我们不知道佩皮斯是否对法语掌握得很好，虽然他在日记中用这种语言和西班牙语，可能是作为密码，为向他夫人隐瞒他生活的一些细节，显现了他智慧与好奇。

此外，佩皮斯喜爱音乐，尽管花费不菲，仍然决定与他夫人一起上跳舞课，他收集人们广为关注的音乐剧和歌曲的书籍，并在每一本书上都刻上他的拉丁文格言："精神就是人。"借用西塞罗的话，我们可以改为"他的书房就是人"。

我们要小心外表。有的私人书房就像藏衣柜；一个法国谚语不是说"人不可貌相"吗？精美的装订、大作家的全集、限量发行的书、丰富的插图并不能证明它的主人是高质量的读者。对于某些人，书房只是他们装饰精美的门面，而且隐藏着深刻的“非文化”内涵；它只是起到给人假相的效果。塞缪尔·佩皮斯的确喜欢书籍的物质外表，他非常注重书籍外观和谐，他把他的书都按尺寸大小排列，从小到大，而不是按主题或字母排列，但他的日记向我们证明了，他不仅仅是对它们的价值和美观敏感。他读很多书，一有机会就读书，就像1663年12月10日，他一离开书店就回他的办公室读最新买回的书。

他对于漂亮书籍的喜好，并不能掩盖塞缪尔·佩皮斯的折衷主义，文艺复兴时期的人们，被科学革命与伟大发现的狂飙所裹挟，塞缪尔·佩皮斯是这项运动的名符其实的继承人。除了书籍，他的书房还包含木刻、地图、乐谱。他对购买的饥渴没有限度，他不断重复，但却白费力气，正如1668年的日记中所记载的那样，因为花费颇高，他必须中止购书行为。一旦他的两个书柜装满，他就停止，诱惑实在太大了。这就迫使他不得不规律性地重新整理他的书籍，因为它们按照尺寸大小排列了，这就使他好几次改变他的排列，删去一个号码，用另一个代替。

不是所有拥有很大书房的人都是精细过头的藏书者，那些人总是考虑他们书籍的价值。很多人都是把书堆积起来，按购买的时间放置，不加以更多的注意。萨特在《词语》一书中这样讲述他对书籍最初的迷恋："我的生命在书堆中开始，无疑也就在书堆中结束。在我祖父的书房里，到处都是书，除了每年在十月开学之前的那次，他不允许给书籍掸尘。我还不懂读书时，就开始了对这些竖着的砖头的敬畏，直着的或斜着的，像砖一样挤在书架上，或非常高贵地散落在石柱走道上，我感到我们家的兴旺取决于它。”

书房可以侵入家里所有房间，因为书是游走的东西，会流浪，也可以出借、交换与赠予，就像一个花园，它应该是一个开放的地方，哪怕仅仅是为了亲朋好友的乐趣和教益。直到二十世纪初，英国大学不接受年轻女孩上大学。女作家伍尔芙为此很痛苦，但她这样对她的信友写道：“我所接受的教育都归功于我父亲的书房，也许就是因为这个，所以我对书房有着异乎寻常的崇敬。”她的父亲莱斯利·斯蒂芬是作家、哲学家，严厉、难以相处，但他总给他女儿阅读的自由，她想读什么都可以，从来不给她任何限制。

如果说印刷出来的东西没有任何时间、空间的障碍，因此也就可以让任何人在任何地方、时间去阅读，那么，从书房中哪怕只带着一部分书外出，都会造成很大的麻烦。

电子书似乎解决了这一困难问题，但是与纸质阅读相关的感官享受，还留下什么呢？打量并触摸一个漂亮的装订、喜爱的纸质、听到纸张轻轻的摩擦声，发现前一个读者写下的眉批，那是能激起我们的全部感官，而不只是我们智力的细节。这样的乐趣将变成什么呢？

假若这些都将消失，对于旧纸张的爱好者，对于没有钱买书的人而言，幸而还有公共图书馆，可以感受如同西塞罗描绘的那种幸福。

VI

阅读所有的好书，就像和书的作者，那些过去世纪里许多高尚的人谈话。

——勒内·笛卡尔《方法论》

的确，读书就是跟作者——一个看不见的人在交谈，它让你了解一些想法、情感、状况，你只是隐约看见你不认识的，或你永远都不会认识的世界。有时，甚至在他和你之间建立起一种默契，让你经常地，甚至最经常地翻看他的书。于是，你等待，就像等待一个亲密朋友或情人的来信一样，等待他最新的小说或随笔在书店里出现。你和他之间的关系是如此强烈，以至于有时你会犹豫，因为怕周围的人取笑，而不敢谈论他。一位作家去世了，因为你曾贪婪地去读过他的书，会让你在当时感到无法修复的悲哀。

对于一个作者的爱慕不仅仅是因为他写作的质量、风格，也因为他构建的世界对你已经变得很熟悉，尤其如果他是小说家。倘若作家为了强化现实的表象，他成功地赋予他的人物以厚度与复杂性，那么这些人物会对你的精神烙上强烈的印迹，这要比平时在每天生活中都碰到的有血有肉的人，给你带来的印象要深得多。同样一个作家从一本书到另外一本书，总是出现同一个人物，比如巴尔扎克的《人间喜剧》，更加增强了亲切感，就这样，高老头、魏特琳或唐·吉诃德与阿巴贡一样，我们开玩笑时，他们的名字成为吝啬鬼、野心家、滑头或完美主义者的代名词，激情本身最终化身为这些面孔；阿克琉斯的愤怒，阿美尔的英雄，罗密欧与朱丽叶受挫的爱情，奥赛罗丧失理智的嫉妒，也是如此。

这种亲切感不仅存在于伟大的著作中，侦探小说的主角，即使他们不能获得神话的高度，也可以附着我们的想象。成年读者喜欢重新置身于他已经认识的世界中，有点像孩子让你第三遍、第四遍讲述同一个故事一样，如果你讲错一个词或跳过一段，他会非常恼火地纠正你。

作者和他的人物一旦消失，你知道不再会有新的重逢，只有一片静寂。然而，作家会完全永远地逝去吗？你永远都有这种可能，不仅通过读已经读过的书来重新连接与作者已经中断的对话，也可以与另外一个作者去进行另外一场对话，虽然他也可能已经消失了几个世纪。作家与读者之间通过书联结起来的关系，真是一个奇怪的现象，这个关系抹去了时间与空间，让遥远的人接近，在你孤独与焦虑时刻为你填补空白。在纳粹集中营被关押的多少男人和女人，由于默记了一些文章而帮助他们保存了希望，获得了生存的力量。因为不同于每天生活其中的恐怖场景，这些文章给了他们不同的想象。这样的男人和女人有多少？

* * *

阅读对你谈论大地，谈论真实或想象的时代，谈论陌生人让他最后成为你感到亲切的人，好像他们属于你生命本身，这也是阅读的功效和作用，帮助你就按照他们本来的样子，去接纳人类兄弟，也让你从他们中看到自己，帮助你更好地认识自身，同样，你还明白了让他们魂牵梦绕的希望与激情是普世性的。西蒙·利斯说得真好：“要让一个城市或一个地区的真实感动我们，往往必须让一个诗人先去创作它。”

我对于中国、对她的人民、对于她的文化的兴趣，是在阅读科学著作、诗与中国古典小说（诸如著名汉学家高罗佩重新创作的唐朝真实人物《狄仁杰判案系列》）中产生的。当我和夫人第一次在中国旅行时，我们感觉虽然我们的知识非常有限，但却是在游历一个认识的国家，遇到与我们有着同样关注点的男人或女人，为生活中意想不到的相同的插曲微笑与感动，他们的习俗并不比我们欧洲、美洲邻居更让我们觉得奇怪。我们非常急切地去看我们已经在书中看到过介绍的名胜古迹，参观明朝的古街、村庄，尤其是画家与诗人特别钟爱的黄山。就像阅读一样，我们步伐很慢，我们躲避那些游客，他们从一个城市飞到另一个城市，没有时间沉浸在当地的气氛当中，了解它的精神。而我们花几整天的时间去翻看北京这本打开的书，在苏州与网师园或拙政园一起做梦，追寻长江历史，直到三峡大坝。

啊，黄山！我们的导游李先生是一个非常有学问的三十多岁的年轻人。第一天，我们穿梭于陡峭曲折的小径，我们有时停下来注视山坡，松树与柏树扎在花岗岩的断层里，把它们弯曲的树枝伸向天空。在盘山路上，导游指着一块风雨剥蚀的岩石，为我们背诵了唐代诗人、画家王维的一首诗。

第二天早晨，快到五点，我们起床，穿上宾馆提供的很厚的黄色羽绒服，跟着李先生到被树木遮住一半的山谷，等待日出。似雾似絮的浓云飘浮在岩壁间，让山形忽隐忽现。只有我们几个，在黎明的凉意与寂静中。光线慢慢变化，让人难以察觉，然而当太阳先是仅仅露出光晕，然后成为穿过浓雾的红色圆盘，最终升上天空时，山间突然回旋着一千个叫喊的回声。我们加入到这些声音里，这时才发现有许多中国游客也和我们一样早起观看这一景色。回到宾馆，我对李先生说，我们的浪漫诗人尤其对这种美好的景色同样敏感。我不禁背诵起中学时学过的拉马丁的诗：

你好，被剩下的绿色带上皇冠的树林，
发黄的树叶散落在草坪，
你好，最后的美好时光、大自然的哀悼，
适于痛苦，让我欢喜。

李先生看着我，我看出了他的不平静。他告诉我，他在大学法语课上学过雨果、拉马丁和缪塞的诗，我从他的声调中猜出这些文字在他身上产生了回应，它们跟他交谈，让他感动，就像我们被李白、杜甫、中国画或程抱一的文章所触动一样。大作家程抱一选择用法语谈论他自己国家的文化，他永远无法忘记的本土文化。

这样我们与李先生缔结了友谊，我们之后又很高兴地在中国其他地方见过他，在这里感谢他的慷慨和他对阅读的爱。

跋

我知道什么？

——蒙田《随笔》

蒙田让人制作了一些徽章，反面是它的纹章，正面是刻有“我知道什么？”的天平称图形作为他的座右铭。这个问题看上去很矛盾，因为他生命的最后二十年，一直是在堆满了书的房间里度过的，那里既是他的书房又是他的工作室。因为具有怀疑的精神但同时非常好奇，他知道读书读得越多，就越了解自己的无知。但这不妨碍他继续为写作和学习而继续阅读，因为他认为只有自己不自知的无知，才是真正的无知。

所有的作家首先是一个读者，所有的读者先是让自己有一点变成作家，然后可能真的成为作家。当我们浏览很多作家的书信和日记，我们会被他们的阅读面之广而震惊。他们和您谈论他们的毫无功利企图的（写作）爱好，即使有时他们也会通过依靠著名前辈而显示出一种虚荣心，但这无关紧要，因为谁能够比作者自己更了解写作的秘密，作者也就通过自己的文章让自己名至实归。这样，通过与您分享他们对某一作品的兴趣，这些作家（也是读者），悄悄向您建议，为您指路，为您点亮心灵，揭示他们喜爱的作品某些隐藏的或黑暗的方面。

他们在他们的小说、随笔、诗歌里用引

用或回音的形式留下的符号，同时也是参考书，有时很讽刺，是他们已经读过的书的参考书目。同样，讽刺诗，以“这样的方式”写出来的文章，也就是模仿著名作家的风格，甚至被某些批评家揭露的剽窃，而“以这样的方式”写的文章往往提供了另外一种阅读，有时是对平庸文章的更敏锐的阅读。迄今为止，多少作家是受古希腊或拉丁语的伟大作品的引导和触发呢？自文艺复兴以后，剧作家并不惭愧地在古代资源中挖掘，莎士比亚就曾在《哈姆雷特》里取用了埃斯库罗斯的《俄瑞斯忒斯》的内容，把它搬到自己的世纪，给他们另外的政治与哲学空间。拉·封丹寓言在我们看来是雅致及笔调高于伊索的寓言，正如拉·布吕耶尔的《品格论》也比他作为模本的希腊哲学家泰奥弗拉斯特的论著更高明，那是因为这两个作家很会让他们的作品适应他们时代的期待、兴趣与精神。一个普通的读者只要他留心就会在读小说、诗集的过程中，认出古老母题新的变化，他已经明白了作品的回声，他能感到怎样的乐趣啊！这是让他有与作者共同分享阅读与参考书的感觉。

同样，我们在对先人作品影射与模仿的游戏中能看到对前人的致敬与尊敬，这也部分地解释了中国诗人在几个世纪中一直恪守着古典文学的规范。

一些作家因为对某些外国作品特别感兴趣，把一部分时间用来做翻译，夏尔·波德莱尔对埃德加·爱伦·坡短篇小说灰暗与怪诞的气氛非常敏感，不仅把这个作家介绍到法国，还让他在自己的国家美国知名。大诗人菲力浦·雅各岱既出色地翻译了荷马史诗《奥德塞》，又翻译了日本的徘句。如果没有这些语言的淘金者，多少作品会被忽视或忘却，我们对城市，对消失或遥远的文化又会知道什么呢？

在结束我的文章的时候，我知道还有很多书等着我去读，而我不能读，因为生命的时钟留给我的时间一点点流逝，但我不会去写出马拉美在《海风》诗里表达的凄美的幻灭：

> 肉体是悲惨的，
> 唉！我读过所有的书籍，
> 逃遁！逃向那边！
> 我感到鸟儿们
> 醉心在无名的泡沫和蓝天的中间！